John Coleman

DE ROTHSCHILD DYNASTIE

John Coleman

John Coleman is een Britse auteur en voormalig lid van de geheime inlichtingendienst. Coleman heeft verschillende analyses gemaakt van de Club van Rome, de Giorgio Cini Stichting, Forbes Global 2000, het Interreligieus Vredescolloquium, het Tavistock Instituut, de Zwarte Adel en andere organisaties met thema's uit de Nieuwe Wereldorde.

De Rothschild dynastie

The Rothschild Dynasty

Vertaald uit het Engels en uitgegeven door Omnia Veritas Limited

© Omnia Veritas Ltd - 2023

www.omnia-veritas.com

Alle rechten voorbehouden. Niets uit deze uitgave mag op enigerlei wijze gereproduceerd worden zonder voorafgaande toestemming van de uitgever. De wet op intellectueel eigendom verbiedt kopieën of reproducties voor collectief gebruik. Elke gehele of gedeeltelijke weergave of reproductie door welk procédé dan ook zonder toestemming van de uitgever, de auteur of hun rechthebbenden is onwettig en vormt een inbreuk die bestraft wordt door de artikelen van het Wetboek van Intellectuele Eigendom.

VOORWOORD **13**

HOOFDSTUK 1 .... **19**

HOE EEN VODDENKOOPMAN EEN VAN DE RIJKSTE MANNEN TER WERELD WERD.... 19

HOOFDSTUK 2 .... **25**

MAYER AMSCHEL EN VIJF VAN ZIJN ZONEN GENIETEN GELUK 25

HOOFDSTUK 3 .... **31**

DE ROTHSCHILDS DOEN HUN INTREDE IN DE EUROPESE HIGH SOCIETY 31

HOOFDSTUK 4 .... **35**

DE MUREN VAN JERICHO [FRANKFURT] STORTEN IN 35

HOOFDSTUK 5 .... **39**

DE ROTHSCHILDS PLUNDEREN DE VIJF GROOTMACHTEN 39

HOOFDSTUK 6 .... **47**

BENJAMIN DISRAELI: EEN SPION IN DIENST VAN DE ROTHSCHILDS...................... 47

HOOFDSTUK 7 .... **54**

BEWIJS VAN DE VERSCHRIKKINGEN VAN DE FRANSE REVOLUTIE........................ 54

HOOFDSTUK 8 .... **62**

BISMARCK ONTHULT DE "HOGE FINANCIËLE SFEREN DIE EUROPA BEHEERSEN". 62

HOOFDSTUK 9 .... **69**

EEN VEEL VERWAARLOOSD ASPECT VAN DE NEGERSLAVERNIJ IN AMERIKA 69

HOOFDSTUK 10 .... **78**

NATHAN ROTHSCHILD BRENGT DE FRANSE SCHULD IN EVENWICHT 78

HOOFDSTUK 11 .... **88**

FRANKRIJK OVERLEEFT COMMUNISTISCHE AANVAL 88

HOOFDSTUK 12 .... **98**

  Salomon Rothschild toont zijn financiële kracht 98

Hoofdstuk 13 .... **113**

  De maatschappij der naties: een poging om één wereldregering te vestigen
  113

Hoofdstuk 14 .... **118**

  De Britse regering verraadt de Arabieren en Lawrence of Arabia 118

Hoofdstuk 15 .... **124**

  Een sluw dubbel discours 124

Hoofdstuk 16 .... **133**

  Verraderlijk Albion doet zijn reputatie eer aan 133

Hoofdstuk 17 .... **140**

  Een draaimolen van drie beslist over het lot van Palestina 140

Hoofdstuk 18 .... **146**

  De zionisten nemen Palestina over 146

Hoofdstuk 19 .... **151**

  De Rothschilds richten een centrale bank op in Amerika 151

Hoofdstuk 20 .... **158**

  De Amerikaanse grondwet met voeten getreden door corrupte wetgevers in dienst van de Rothschilds 158

Hoofdstuk 21 .... **165**

  De Rothschilds dwarsbomen de Amerikaanse grondwet 165

Hoofdstuk 22 .... **172**

  Rothschilds verbreken het Hogerhuis 172

Hoofdstuk 23 .... **181**

Rothschild's surrogaat financierde de aanval op Rusland.................. 181

HOOFDSTUK 24 .... **188**

Enkele opvattingen over de Rothschilds, hun rol in oorlog, revolutie en financiële intriges 188

REEDS GEPUBLICEERD **193**

Dr. John Coleman, auteur van *The Committee of 300*, vertelt het verhaal van hoe Mayer Amschel, de oprichter van de "Red Shield" dynastie, zijn eerste fortuin verwierf. Het is ver verwijderd van de mythen en legenden die nog steeds rondgaan over de man die begon als lompenhandelaar en pandjesbaas, werkend vanuit een klein huis in de Judenstrasse in Frankfurt am Main, Duitsland, waar hij woonde met zijn vrouw en gezin.

Historische gebeurtenissen worden vaak veroorzaakt door een 'verborgen hand' die achter de schermen aan de touwtjes trekt van koningen, prinsen en potentaten. Dit fenomeen wordt uitgelegd en de legendes die rond de Rothschilds zijn ontstaan, worden geanalyseerd in dit boek, dat ook onthult hoe Rothschild-intriges Napoleon en tsaar Alexander II van Rusland ten val brachten.

Volgens de legende werden het "genie en de financiële vaardigheden" van Mayer Amschel Rothschild geërfd door zijn zonen, maar de waarheid is heel anders, zoals Dr. Coleman overduidelijk maakt in dit goed onderzochte verslag dat veel verder gaat dan de bekendste legenden die het ware karakter van de beroemde familie verhullen.

Het is fascinerend om te lezen over het geluk van Mayer Amschel Rothschild en de stappen die hij ondernam om van zijn familie de "virtuele heersers van heel Europa" te maken.

Dit uitzonderlijke boek behandelt niet alleen het verleden, maar ook het heden en de toekomst. Het zal helpen om veel van de gebeurtenissen te verklaren die gewone mensen verbijsteren, zoals de oorlog in Irak en de oorlogsdreiging tegen Iran.

JOHN COLEMAN

VOORWOORD

De familie Rothschild, oorspronkelijk bestaande uit de vader en zijn vijf zonen, is echt het verhaal van een gegrepen kans, van een vastberaden streven om duizelingwekkende winsten te boeken en in te breken in de aristocratische wereld die hen niet wilde. Sommigen beschouwen het misschien als een onbeschaamdheid om het immense fortuin dat in de handen en controle van Mayer Amschel Rothschild viel, een "kans" te noemen, terwijl anderen het niets minder dan een verduistering van de aan zijn zorgen toevertrouwde middelen beschouwen, nauwelijks een "kans" in de algemeen aanvaarde betekenis van het woord.

Niettemin was het voor Mayer Amschel een meevaller die hem in staat stelde om vanuit een leven van pandjeshuizen en de verkoop van tweedehands goederen door te dringen tot de hoogste regionen van de macht, een opmerkelijke prestatie gezien de geschiedenis van die tijd, waarin Joden onderworpen waren aan talrijke burgerlijke wetten die bedoeld waren om een permanente barrière te vormen tussen hen en de inwoners van de vorstendommen en naties waarin zij leefden. Klasseonderscheid was een ander belangrijk obstakel, dat zelfs voor een niet-jood die niet tot de heersende aristocratie behoorde, ontmoedigend zou hebben gewerkt.

Klasse mobiliteit bestond niet en segregatie was hard en strikt gehandhaafd, vooral in Frankfurt am Main, Duitsland, waar de Rothschild dynastie haar opmerkelijke geschiedenis begon. Mayer Amschel Rothschild had weinig of geen formele opleiding; zijn familie had geen motto, maar wat hij wel had was vasthoudendheid en een sterk geloof in zijn religie. Hij kwam uit een burgerlijk huis, een 'vreemd' huis in het getto van Frankfurt.

Dankzij zijn vindingrijkheid en wat sommige onvriendelijke critici "een aangeboren sluwheid" hebben genoemd, kon Mayer Amschel Rothschild binnendringen in de onstuimige wereld van aristocratische families die hem schuwden of zelfs verachtten. Als hij niet het "geluk" (of "ongeluk", afhankelijk van uw standpunt) had gehad om de landgraaf van Hesse te ontmoeten, zou Mayer Amschel Rothschild voor de rest van zijn leven een obscure pandjesbaas en voddenhandelaar zijn gebleven. Hij hoefde zich niet te identificeren als Jood, een afkomst waar hij trots op was, en Mayer Amschel heeft nooit geprobeerd zijn afkomst te verbergen. Integendeel, hij was er trots op, zelfs tegenover het meedogenloze verzet tegen de Joden van Frankfurt, dat zich uitstrekte tot alle landen van Europa.

Engeland, de meest "beschaafde" Europese natie zoals de geschiedenis ons wil doen geloven, was bijzonder fel in haar verzet tegen de Joden. Zelfs haar leidende figuren, ontwikkelde mannen, aarzelden niet om in de meest onflatteuze bewoordingen naar de Joden te verwijzen.

Zo noemde Lord Gladstone Disraeli, de "lijfknecht" van de Rothschilds, volgens Gladstone's biograaf Edward Freeman vaak "die walgelijke Jood". Bisschop Wilberforce noemde Disraeli onflatteus een "Oosterse Jood".

Bismarck noemde hem "de Hebreeuwse goochelaar" en Carlyle beschreef hem als "een absurde kleine Jood".

Ik noem deze voorbeelden om de aanzienlijke moeilijkheden aan te tonen waarmee zelfs de best opgeleide Joden die in de achttiende en negentiende eeuw de macht wilden grijpen in de wereld van het bedrijfsleven en de financiën, werden geconfronteerd. Sommige historici en schrijvers beweren dat de Rothschilds hun geschiedenis en hun prestaties hebben verzonnen om aan de macht te komen. Hun onweerstaanbare aanwezigheid heeft een groot verschil gemaakt in de geschiedenis, en de eerlijkheid gebiedt te zeggen dat bij geen enkele belangrijke gebeurtenis in het politieke en economische leven van de Europese naties de Rothschilds niet op de een of andere manier betrokken zijn geweest, ook al werd dat diep verborgen gehouden.

In de gedachten van velen zullen de Rothschilds altijd worden geassocieerd met immense rijkdom, maar het is de macht die gepaard gaat met die rijkdom die niet zo goed wordt erkend als zou moeten. De Rothschilds zochten namelijk niet naar immense rijkdom om een comfortabel leven te kunnen leiden. Zij streefden naar rijkdom voor wat het hen zou brengen in termen van controle over de belangrijkste politieke krachten van alle naties, waarmee zij controle uitoefenden over diezelfde naties, en dat tot op de dag van vandaag. De Rothschilds leefden niet in een vacuüm; integendeel, zij beïnvloedden miljoenen levens. Lionel Rothschild beschouwde zichzelf graag als uniek, en misschien is hij dat ook wel. Het is waar dat hij, net als zijn broers, uitzonderlijk rijk was, maar zijn rijkdom werd nooit openbaar gemaakt. Eén ding is niet waar: de Rothschilds verdienden hun fortuin niet met de inflatie van de munten van de landen waar ze leefden. Er zijn geen echte markers die ons leiden naar het ware karakter van de familie Rothschild en wat hen dreef tot een obsessie met geld en een onverzadigbare honger naar macht.

Meestal moeten we gissen naar wat er omging in de hoofden van deze machtige familie die vastbesloten was de verborgen heersers van Europa en Groot-Brittannië, zo niet de wereld, te worden. Het was niet dat ze werden geholpen door een goed uiterlijk of een aangename manier van spreken, natuurlijke eigenschappen van het Ierse ras. Integendeel, ze waren in alle opzichten lelijk van huidskleur en gedrag. Meyer Amschel sprak keelklankachtig Frankfurter Jiddisch, een mengeling van Pools en Duits met uitdrukkingen uit het Hebreeuws.

Het onderwijs dat hij zijn kinderen gaf ging niet verder dan de rudimentaire synagoge school die ze bezochten. In elk geval was intellectualisme verboden voor de Joden van Frankfurt, die niet mochten deelnemen aan de Verlichting die Europa overspoelde.

Mayer Amschel bleef trouw aan de instructies van de Talmoed

en eerde al zijn tradities, en vroeg zijn kinderen hetzelfde te doen. Hij veranderde niets aan zijn levensstijl toen hij eenmaal roem en fortuin had bereikt. De kleren die hij en zijn zonen droegen, waren vaak tot op het bot versleten.

Er zijn zeer geringschattende verwijzingen naar dit feit in vele documenten van het British Museum, waarvan sommige zeer denigrerend zijn. In één verslag beweert Cherep-Spiridovich dat Mayer Amschel nooit van ondergoed veranderde en dezelfde kleren droeg "tot ze van hem afvielen". Schrijvers als John Reeves, Demachy en Spiridovich concluderen, in de woorden van Spiridovich, dat aan de

> "De politieke fasen van deze sinistere en fatale familie kunnen worden toegeschreven aan ten minste de helft van al het bloedvergieten en de rampen die de naties sinds 1770 hebben getroffen.

Anderen, zoals de redacteur van de *Chicago Tribune*, die wist dat er iets aan de hand was maar er geen naam op kon plakken, schreven op 22 juli 1922:

> Onze staatslieden zijn kinderen vergeleken met die van hen. Ons wordt herhaaldelijk een prominente plaats in de wereld aangeboden. Het wordt ons voor de voeten geworpen, en uit pure domheid wijzen we het af.

De vraag is: "Hebben we het verworpen, of heeft een verborgen kracht ons ervan weerhouden het initiatief te nemen?" Nietzsche, de Duitse filosoof schreef in zijn werk *De dageraad*:

> Een van de spektakels waarvoor de volgende eeuw ons zal uitnodigen is de beslissing over het lot van de Joden. Het is duidelijk dat zij hun dobbelstenen hebben weggegooid en de Rubicon zijn overgestoken; het enige wat hun rest is dat zij de meesters van Europa worden of Europa verliezen, net zoals zij Egypte hebben verloren, waar zij voor soortgelijke alternatieven stonden... Europa kan op een dag als een rijpe vrucht in hun handen vallen, als zij het niet te snel aangrijpen.

Degenen die onderzoek hebben gedaan naar Nietzsche zeggen dat hij verwees naar de Rothschilds, maar ik heb geen bewijs kunnen vinden om deze bewering te staven, hoewel het lijkt te passen in het patroon van deze beroemde familie.

Veel van hun geheimen zijn volledig verborgen gebleven en zullen misschien nooit worden onthuld. De diepte van deze geheimen wordt onthuld in de woorden van de Franse staatsman Lamartine:

> We willen elk juk verbreken, maar er is er een die we niet zien, en die drukt op ons. Waar komt het vandaan? Waar is het? Niemand weet het, of tenminste niemand zegt het. De vereniging is geheim, zelfs voor ons, de veteranen van geheime genootschappen.

De Franse minister van Buitenlandse Zaken, G. Hanotoux, schreef in 1878 dat deze verborgen hand een

> "een mysterieuze kracht die de politiek beheerst en diplomatie verwart".

Veel van deze mysteries werden door Disraeli volledig ontrafeld in zijn roman *Coningsby*, die een nauwelijks verhuld verslag was van de activiteiten van de Rothschilds. Disraeli moest veel feiten vermommen als fictie, opdat de toorn van de mensen niet zou exploderen bij de onthullingen die het bevatte. "Sidonia was ongetwijfeld Lionel Rothschild en *Coningsby* niets meer dan een gefictionaliseerd verslag van zijn daden.

Op haar negentiende bracht Sidonia, die bij haar oom in Napels woonde, een lang bezoek aan een andere familie van haar vader in Frankfurt. Sidonia bracht twee jaar door tussen Parijs en Napels. Het was onmogelijk tot hem door te dringen. Zijn openhartigheid bleef strikt beperkt tot de oppervlakte. Hij observeerde alles, zij het te voorzichtig, maar vermeed serieuze discussies. Hij was een man zonder genegenheid.

Karl Rothschild woonde in Napels, en Mayer Amschel woonde in Frankfurt, dus is het niet moeilijk om te concluderen dat "Sidonia" Lionel Rothschild was, en zo hebben we van *Coningsby* een van de beste en meest nauwkeurige gedetailleerde verslagen van de Rothschilds en hun opkomst tot de absolute macht die ze vandaag bezitten.

Toelichting

Bronnen en referenties worden in de tekst vermeld. Ik dacht dat dit verwijzingen gemakkelijker zou maken en zou voorkomen dat je een aparte lijst met noten moet doorzoeken, met verlies van continuïteit.

Ik heb de methode en stijl gevolgd van verschillende Victoriaanse auteurs, die dit de beste manier vonden om het verhaal gaande te houden zonder te hoeven stoppen om een bepaalde bron te raadplegen en te vinden. Ik hoop dat ook u deze methode gemakkelijker te volgen vindt dan de traditionele.

Een ander belangrijk punt: ik wil duidelijk maken dat dit boek niet mag en kan worden geïnterpreteerd als "anti-joods" of "antisemitisch". Het is geen van beide. Het is veeleer het feitelijke verslag van een familie die Joods bleek te zijn en dat nooit verborgen heeft gehouden. Anders schrijven zou hetzelfde zijn als proberen een verslag te schrijven over de Zoeloekoning Chaka, zonder te zeggen dat Chaka een zwarte Afrikaanse koning was.

HOOFDSTUK 1

Hoe een voddenkoopman een van de rijkste mannen ter wereld werd

Er is waarschijnlijk geen naam in het internationale bankwezen die zo bekend is als de Rothschilds, en toch is er zo weinig bekend over de ware geschiedenis van deze familie. Er zijn veel legendes, mythen en fantasierijke verhalen, maar weinig over de ware aard van deze familie, die de loop van de geschiedenis heeft veranderd, die staatslieden, koningen, hertogen en bisschoppen heeft gekocht en verkocht, alsof het louter handelswaar was, dat als versleten schoenen en oude kleren wordt weggegooid wanneer het zijn dienst heeft bewezen. Er wordt gezegd dat deze familie revoluties, oorlogen en omwentelingen heeft veroorzaakt die het gezicht van Europa, het Verre Oosten en de Verenigde Staten voorgoed hebben veranderd. Het doel van dit boek is de geschiedenis van de Rothschilds te verkennen en hun plannen voor de wereld te begrijpen. De Rothschilds zijn Joods, een feit dat zij nooit hebben willen verbergen of minimaliseren.

Door de geschiedenis heen, van India tot Babylon en het oude Palestina, zijn geldzaken altijd in de eerste plaats de zaak van de Joden geweest. Op de geldmarkten van Frankfurt, Londen, New York en Hong Kong, overheerste de Joodse financier.

Tegen 1917 waren ze verspreid over de hele wereld. Op de beurzen van Londen, Parijs en New York vormden Joodse makelaars de ruggengraat van het bedrijf. Het verkeer van edelmetalen, diamanten en valuta over de hele wereld heeft altijd onder Joodse controle gestaan. Wij citeren deze feiten als feiten op zich en niet om er iets denigrerends uit af te leiden. De Joden geven het zelf toe. Toen Groot-Brittannië zich in 1910 voorbereidde op een oorlog met Duitsland, werden internationale Joodse financiers op belangrijke plaatsen gestationeerd, - en aan het hoofd van de internationale financiën in de hele wereld stonden de Rothschilds en de daarmee verbonden bankinstellingen. In Frankrijk waren het Rothschild, Fould, Camondo, Pereira en Bischoffheim; in Duitsland Rothschild, Warschauer, Mendelssohn, Bleichroder; in Engeland Sassoon, Stern, Rothschild en Montague; in het Verre Oosten Sassoon; in Rusland Gunzburg; in de Verenigde Staten J.P. Morgan, Kuhn Loeb et Cie, Seligman et Cie, Speyer et Cie, Warburg en Lazard Frères.

Bovenal overschaduwde en overschaduwde het Huis Rothschild hen. Critici van de Rothschilds beweren dat Morgan en Kuhn Loeb slechts fronten waren voor de Rothschilds, en dat alle beroemde bankhuizen gelieerd waren aan de Rothschild-banken.

Deze bankhuizen doorstonden vele stormen dankzij hun voorzichtige aanpak van speculatie en hun nauwe broeder- en verwantschapsbanden met de Rothschilds en met elkaar. De oprichter van het Huis Rothschild was Mayer Anselm Bauer (Rothschild), de zoon van Anselm Moses Bauer, een koopman uit Frankfurt. Zijn vader verkocht nieuwe en gebruikte goederen en oude munten, en verpandde onder het teken van een rood schild, vandaar de naam Rothschild, wat in het Duits rood schild betekent. Rothschild werd hun aangenomen en officiële familienaam. De zaak was gevestigd in de Judenstrasse, letterlijk "de straat van de Joden" in een getto in Frankfurt, waar ongeveer 550 gezinnen woonden.

Mayer Amschel (Rothschild) werd geboren in 1743. De familie was al generaties lang gevestigd in Frankfurt. Het British Museum heeft een document waaruit blijkt dat de familie teruggaat tot het begin van de 16e eeuw. Tegen de 18 eeuw waren ze een aanzienlijke groep.

Ik heb twintig antecedenten geïdentificeerd van Mayer Amschel, de oudste van drie zonen wiens ouders in de zilverhandel zaten, zowel in de aankoop als in de verkoop, waaraan hij vanaf zijn tiende jaar deelnam. Deze kleine handel was in feite een soort geldbeurs in het buitenland, want in die tijd bestond Duitsland uit 350 vorstendommen, elk met een eigen munt.

Blijkbaar was het hun verboden de beroepen uit te oefenen die in Frankfurt voor alle niet-joden openstonden. Het lijdt geen twijfel dat Joden onderworpen waren aan allerlei beperkingen, waarvan sommige nogal onrechtvaardig waren. Het ouderlijk huis was een houten hut in gotische stijl waar Mayer Amschel met zijn vader, moeder en drie broers woonde tot 1775, toen een massale pokkenepidemie door Europa raasde en beide ouders van Mayer meenam. Mayer's ouders schreven hem in op de rabbinale school in Furth. Maar hij had noch het geduld noch de smaak voor de lange studiejaren die nodig waren om een diploma te behalen, en na drie jaar Furth begon Mayer Amschel op dertienjarige leeftijd zijn eigen bedrijf.

Men kan alleen maar bewondering hebben voor de moed die zo'n jonge man nodig had om zo'n stap te zetten. Op weg naar Hannover kreeg de jongeman een klein, onbeduidend 'liefdadigheidsbaantje' bij de Oppenheimer bank, waar hij zes maanden later in de leer ging. Het duurde niet lang voordat hij tot de conclusie kwam dat je, om in het bankwezen te slagen, de bescherming van een van de belangrijkste vorsten nodig hebt. Na zes jaar verliet hij Hannover en keerde terug naar Frankfurt, waar hij in 1770 trouwde met Gudule Schnapper.

Mayer en Gudule (Gutta) bewoonden de eerste verdieping boven een winkel van waaruit Mayer nieuwe en tweedehands goederen kocht en verkocht, zoals zijn vader voor hem had gedaan. Veel artikelen, zoals schilderijen en meubels, werden op de stoep uitgestald. Dit was het huis, het vertrekpunt, van de "bankbaronnen" die de wereldfinanciën zouden controleren en de grote leiders, staatslieden en koningen. Gudule schonk Mayer vijf zonen. Gesprekken met haar vijf zonen vonden altijd plaats rond een "vuile houten tafel", zoals beschreven door Spiridovich in *Onzichtbaar in de Geschiedenis*, waar de familie bijeenkwam voor maaltijden en discussies.

De verdeling van de financiële wereld tussen de zonen was een geliefd gespreksonderwerp. Hun vader sprak over de vier kleinzonen van Karel de Grote, hoe de Romeinse keizers de wereld hadden geregeerd en zijn visie op zijn zonen. Zijn vijf dochters werden nooit in deze discussies betrokken.

Karel de Grote (Karel de Grote) (771-814) was een typische Duitser, meer dan 1 meter 80, een uitstekend atleet die Grieks en Latijn sprak. Hij was koning van de Franken en werd keizer van Rome van 800 tot 814 voor Christus. Maar ondanks zijn verering voor Karel de Grote had Mayer Amschel een hevige haat tegen alles wat "Romeins" was, wat hij later beschreef als "de grote vijand van het bolsjewisme", volgens Sir Alfred Mond in *World Battle of the Jews.* [er]Samuel Gompers, schrijvend in de *Chicago Tribune* op 1 mei 1922, zei over het bolsjewisme, verwijzend naar Mayer Amschel:

> Niets zou een nuttelozer en verachtelijker verraad aan de beschaving betekenen dan de erkenning van de bolsjewistische tirannie. Het beleid van de Duitse en Engels-Amerikaanse bankiers is het gevaarlijkste element in de hele keten van bolsjewistische inspanningen. De fondsen van de bolsjewieken bedroegen miljoenen dollars.

De haat van Mayer Amschel tegen de Roomse wereld kwam wellicht voort uit het feit dat Frankfurt am Main sinds 1762 de stad was waar de Heilige Roomse Keizers werden gekozen en gekroond, wat Mayer Amschel haatte, omdat hij wist dat de katholieke kerk een onverbiddelijke vijand van de bolsjewieken was. Sommige historici beweren dat zijn haat gericht was tegen Rusland, omdat het de grootste christelijke natie in Europa was en de Joden onder verschillende van zijn heersers veel ontberingen en vervolgingen hadden doorstaan.

Rond de tafel waarschuwde Mayer zijn zonen om hun rijkdom binnen de familie te houden en nooit buiten de familie te trouwen. Hij legde de Hebreeuwse wet van "neshek" uit, wat letterlijk "een beet" betekent, de term die gebruikt wordt om rente te betekenen, en "hoe het buiten de Hebreeërs moest worden toegepast, niet op hen". Geheimhouding stond voorop; niemand buiten de familie mocht ooit weten hoeveel geld zij hadden. Volgens auteur John Reeves die in zijn boek *The Rothschilds: Financial Rulers of*

Nations, MacGregor citeert, auteur van *The Kahbalaha Unmasked*:

> De vijf zonen begonnen zaken te doen in vijf Europese hoofdsteden, maar zij handelden in onderling overleg. De zaken van de Rothschilds zijn sinds 1812 zo omvangrijk en de banden tussen de verschillende leden van de familie zo nauw verweven, dat het ontrafelen ervan bijna hopeloos lijkt. Het succes van de stichter was te danken aan de onrustige toestand van de wereld. Mayer Amschel was net zo'n gelukskind als Napoleon.

Mayer Amschel had vijf zonen en vijf dochters:

Anselme Mayer, geboren in 1773, trouwde met Eva Hannau

Salomon Mayer, geboren in 1774, trouwde met Caroline Stern

Nathan Mayer, geboren in 1777, trouwde met Hannah Levi Barnet Cohen 1806.

Karl, geboren in 1788, trouwde met Adelaide Herz

Jacob (James), geboren in 1792, trouwde met zijn nicht Betty, dochter van zijn broer Salomon. Anselme, zijn oudste zoon, kreeg de grote eer lid te worden van de Privy Council of Commerce of Royal Prussia, Consul van Beieren en Hofbankier.

Dit mag vandaag de dag irrelevant lijken, nu er geen klassenonderscheid meer bestaat, maar het rigide kastensysteem van die tijd maakte het onmogelijk voor een "gewone man" om dergelijke posities te bekleden, die altijd waren voorbehouden aan families met adellijke titels, en Joden waren uitdrukkelijk uitgesloten van dergelijke hoge functies. Salomon Mayer slaagde erin in te breken in de inner circle van Prins Metternich, de virtuele vorst van Oostenrijk.

De vijf dochters kregen geen aandeel in het bedrijf en hadden geen inspraak in het beheer; zij werden in feite volledig uitgesloten. Meestal trouwden ze in "gearrangeerde huwelijken".

Volgens auteur John Reeves:

> De bewegingen van de Rothschilds worden zorgvuldig gevolgd en zijn voor het publiek even belangrijk als die van een minister. Een enthousiaste onderzoeker kreeg te horen dat het onmogelijk

was om alle leden van de familie te noemen, omdat er geen stamboom was (The Rothschild Financial Sovereigns)

Volgens het verslag van generaal-majoor Graaf Cherep-Spiridovich in *The Unrevealed in History* en documenten in het British Museum in Londen, las Mayer Amschel op zijn sterfbed een passage uit de Talmoed voor en dwong vervolgens zijn kinderen een plechtige eed af te leggen dat zij altijd verenigd zouden blijven en nooit iets afzonderlijk zouden ondernemen.

HOOFDSTUK 2

Mayer Amschel en vijf van zijn zonen genieten van geluk

Bij de Oppenheimer bank heeft Amschel het uitzonderlijke geluk luitenant-generaal Baron von Estorff te ontmoeten, een aristocraat die dicht bij de landgraaf van Hessen-Cassell staat, een uiterst belangrijke familie waarvan de voorouders honderden jaren teruggaan.

In *The Rothschild Money Trust* van Armstrong staat dat de landgraaf Willem IX was:

> "Hij werd geldschieter en agent voor Willem IX, landgraaf van Hessen-Cassel."

De zeer onderscheiden historicus, soldaat en schrijver, graaf Cherep-Spiridovich, beschrijft het eenvoudig als

> "Amschel is manager geworden van de Landgraaf van Hessen-Cassel."

Er wordt gezegd dat Mayer op kosten van Oppenheims bank enige diensten aan von Estorff heeft verleend, waarvan de exacte details op dit moment niet bekend zijn.

Volgens mijn onderzoek in het British Museum werd de benadering eerst gedaan via Wilhelm's financiële adviseur, een zekere Karl Budurus:

> "Met de Rothschilds, vergelijkbaar in hun ambities, formidabel vasthoudend, geduldig en geheimzinnig, hadden zij een intellectueel vruchtbare ontmoeting en besloten zij een wederzijdse hulpregeling aan te gaan.

De details van hun plan zijn nooit bekend gemaakt. De *Encyclopédie juive* van 1905 en 1909 Vo. X, blz. 499, werpt licht op het onderwerp:

> Uiteindelijk werd hij (Amschel) de agent van Willem IX, landgraaf van Hessen-Cassel, die bij de dood van zijn vader het grootste particuliere fortuin in Europa erfde (geschat op 40.000.000 dollar), voornamelijk afkomstig van de huur van troepen aan de Britse regering om de revolutie in de Verenigde Staten te onderdrukken...
>
> Na de slag van juni 1806 vluchtte de landgraaf naar Denemarken en liet 600.000 pond (ongeveer 3.000.000 dollar) in bewaring bij Mayer Rothschild. Volgens de legende was dit geld verborgen in wijnvaten en ontsnapte het aan de zoektocht van Napoleons soldaten toen deze Frankfurt binnenvielen, en werd het ongeschonden teruggegeven aan het keurvorstendom.
>
> De feiten zijn minder romantisch en meer professioneel.

Uit de door mij onderzochte documenten blijkt dat de "keurvorst", zoals hij werd genoemd, niet erg scrupuleus was over de herkomst van het geld dat in zijn kas kwam. Hessische huurlingen waren zijn handelsvoorraad, verhuurd aan diegenen die het meeste geld hadden om hen te betalen.

De Hessiërs hadden hun contract met de vorst opgesteld, waarin duidelijk stond dat de prins een groot voorschot zou ontvangen bij aanvang van de militaire operaties waarvoor ze waren ingehuurd. Daarna zou er een extra betaling komen voor de soldaten, een paar extra's voor de gewonden en drie keer het bedrag als ze in de strijd sneuvelden. Dit bedrag moest worden betaald aan de huurlingen of hun rechthebbenden en niet aan de Prins. Bovendien liep het contract niet af wanneer de vrede werd afgekondigd, maar pas een vol jaar na de vrede en pas wanneer de huurlingen naar huis waren teruggekeerd.

De Britse regering was de grootste klant en "huurde" jaarlijks ongeveer 15.000 tot 17.000 Hessiërs. Hoewel er geen rechtstreeks bewijs is dat Amschel en Budurus de daders waren van de volgende regeling, lijkt het zeer waarschijnlijk dat zij het waren. In plaats van de forfaitaire som en de betalingen naar

Kassel, de residentie van de prins, te sturen, werd het geld in Engeland bewaard, waar het werd belegd. De rente (onderhandeld door Amschel) werd aan de landgraaf betaald in de vorm van wissels. Het deel van het geld dat daadwerkelijk aan Cassel werd overgemaakt, werd vervolgens gebruikt om leningen met hoge rente te verstrekken aan andere prinsen in nood. Het resultaat was een enorme geldstroom in en uit Cassel, met aanzienlijke inkomsten voor de landgraaf, die zijn krachten bundelde met de familie Von Turn en Taxis, die het postmonopolie voor heel Europa bezat. De huurlingen, die het meeste hadden gedaan om het geld te verdienen, ontvingen niets anders dan de beloofde bedragen, omdat ze niet op de hoogte waren van de "privé" deal die achter hun rug om was gemaakt.

De prinsen van Von Thurn en Taxis (leden van het Comité van 300) waren blij met een deel van de buit in ruil voor hun rol als inlichtingenagent voor de Landgraaf, en later voor de Rothschilds. Zij deden dit door op instructie belangrijke post te openen, de inhoud te lezen en de Landgraaf te informeren over wat zij hadden gezien, en op zijn bevel de bezorging van brieven te versnellen of te vertragen ten gunste van de Landgraaf en Mayer Amschel - en ten nadele van hun schuldenaren.

[1](Voor meer details over de familie Von Thurn en Taxis, zie *The Hierarchy of Conspirators, The Committee of 300*) .

Deze feiten staan inderdaad ver af van romantische opvattingen over hoe Amschel zijn carrière begon, en worden vollediger onthuld dan alles wat eerder is gepubliceerd. Critici zeggen dat de feiten ver afwijken van wat in de Encyclopedie wordt gesuggereerd. Cherep-Spiridovich stelt onomwonden dat het geld niet werd teruggegeven aan de landgraaf en in feite werd gestolen door Amschel. In *The Rothschild Money Trust* stelt auteur Armstrong:

---

[1] Gepubliceerd door Omnia Veritas Ltd, www.omnia-veritas.com.

> De feiten zijn minder romantisch. Mayer Amschel Rothschild heeft het geld verduisterd. Het geld was vanaf het begin besmet. Het werd betaald door de Britse regering aan de Landgraaf voor de dienst van zijn soldaten, gebruikt om de Amerikaanse Revolutie te onderdrukken, en de soldaten hadden er moreel recht op. Het werd eerst verduisterd door Willem van Hesse en daarna door Mayer Amschel. Dit tweemaal gestolen geld is de basis van het immense fortuin van de Rothschilds. Sindsdien is het trouw gebleven aan zijn oorsprong. Er is geen enkele eerlijk verkregen dollar in de honderden miljarden die de familie Rothschild vandaag bezit. In plaats van het geld in wijnvaten te stoppen, stuurde Mayer Amschel Rothschild het hele bedrag naar zijn zoon Nathan in Londen, waar hij de Londense tak van de familie oprichtte.

Het was waarschijnlijk het geld dat Nathan gebruikte om N.M. Rothschild en Zonen te openen, de familiebank.

Armstrong ging verder:

> Voor zijn diensten werd Amschel benoemd tot Keizerlijk Kroonagent, een titel die hem toestond ongehinderd te reizen. Zijn "partnerschap" met de prinsen van Von Thurn en Taxis verschafte hem waardevolle informatie, die hem een voordeel gaf ten opzichte van alle concurrerende geldschieters. Nathan Rothschild deed een investering van 800.000.000 goud (in waarde, niet in gewicht) van de Oost-Indische Compagnie, wetende dat het nodig zou zijn voor Wellingtons campagne op het schiereiland.

Hij maakte niet minder dan vier winsten:

1. Op de verkoop van Wellington papier, dat hij kocht voor 50 cent op de dollar en incasseerde tegen pari.

2. Op de verkoop van goud in Wellington.

3. Op zijn terugkoop.

4. Door het naar Portugal te sturen.

Het was het begin van een groot fortuin. De manier waarop een nog relatief obscure bankbediende de sociale barrières wist te doorbreken die hem scheidden van de aristocratische klasse is een opmerkelijk schoolvoorbeeld.

Volgens documenten van het British Museum:

> ... De prins was zeer hebzuchtig en gierig, en gaf weinig om de middelen waarmee zijn fortuin, hem nagelaten door zijn vader, Willem VIII (de broer van de koning van Zweden), werd vergroot. Frederik, die van von Estorff had gehoord over Amschels sluwheid en gebrek aan scrupules, raakte geïnteresseerd in het vinden van een "stroman" voor zijn dubieuze aankopen.

Amschel verborg zijn relatie met Frederik II achter een bescheiden façade, maar het lijdt geen twijfel dat hij zijn invloed bij de oude landgraaf gebruikte om miljoenen te verdienen en politieke voordelen te verkrijgen. Hij werd agent van de landgraaf van Hessen en de eerste staatslening die hij regelde was in 1802, toen de Deense regering tien miljoen thaler leende.

Hoewel het toen nog niet bekend was, kwam het geld uit het immense familiefortuin van de landgraaf.

Om bij het publiek in de gunst te komen, verklaarde Amschel dat hij zijn deel van de winst aan Frederik II zou geven, maar dat heeft hij nooit gedaan. Vanaf dat moment zou het lot van de Rothschilds uitgroeien tot een van de meest verbazingwekkende succesverhalen in de geschiedenis van het financieren en lenen.

[er]Zijn zoon, Willem IX, volgde Frederik II op en werd in 1785 keurvorst Willem I. In die tijd was Amschel een soort "minister van financiën" van de overleden Frederik II en kende hij alle familiegeheimen.

De twee konden het meteen met elkaar vinden. Ze waren beiden geboren in 1743. [er]Amschel verborg zijn ware rijkdom voor Keurvorst Wilhelm I, droeg altijd dezelfde kleren en deed alsof hij arm was. [er]Vanaf het moment dat hij beheerder werd van het fortuin van keurvorst Wilhelm I, groeide Amschels fortuin terwijl dat van zijn werkgever afnam. [er]In 1794 vond een gebeurtenis plaats waardoor keurvorst Wilhelm I op de vlucht sloeg: de inname van Koblenz door de Franse generaal Hoche.

[er]Uit angst dat zijn corrupte praktijken (in feite de plannen van Amschel, de stroman) door de bezetting aan het licht zouden

komen, vluchtte keurvorst Wilhelm I, nadat hij de controle aan Amschel had overgedragen.

Dit is het ware verhaal over hoe de Rothschilds aan hun geld kwamen. Het was niet door verpanding, slimme speculatie of een van de andere algemeen aanvaarde sprookjes die zo romantisch klinken.

De genialiteit van de zonen moet worden toegeschreven aan het fortuin van de landgraaf van Hessen en niet aan de fantasievolle "genialiteit" van de vijf broers! Het was een geval van "diefstal door bekering", puur en simpel.

Mayer stierf in Frankfurt op 12 december 1812 en liet zijn nalatenschap na aan vijf zonen en een kleiner bedrag aan zijn vijf dochters.

HOOFDSTUK 3

De Rothschilds doen hun intrede in de Europese high society

De manier waarop Mayer het grootste deel van zijn geld naliet aan zijn vijf zonen, en veel minder aan zijn dochters, is tekenend voor de manier waarop hij en zijn voorouders vrouwen beschouwden als de zwakste schakel in de keten.

Vrouwen moesten worden gebruikt voor gearrangeerde huwelijken binnen de familie, voor zakelijke doeleinden. Met andere woorden, huwelijken moesten geregeld worden voor commercieel voordeel.

Het idee van "gelijkheid" tussen mannen en vrouwen bestond niet bij Mayer. De moderne socialistische campagne voor gelijke rechten voor vrouwen kwam meer dan honderd jaar later, en bleef grotendeels beperkt tot gelijke rechten voor niet-joodse vrouwen. Amschel verdeelde de naties van Europa als broden en wees Duitsland, Oostenrijk, Groot-Brittannië, Italië en Frankrijk toe aan zijn zonen als "hun gebieden".

Later stuurde hij een familielid, een man genaamd Schoeneberg, naar de Verenigde Staten onder de naam August Belmont. Hij werd de verborgen hand die in het geheim de wetgeving doordrukte om het Federal Reserve systeem in de wet vast te leggen.

De zonen Rothschild legden zich toe op internationale financiën en bankieren en richtten filialen op in de belangrijkste hoofdsteden van Europa, Parijs, Napels, Wenen en Londen, elk onder nauw toezicht van een van de vijf zonen, terwijl "Belmont" sterk betrokken raakte bij het bankwezen en de politiek van de

Democratische Partij in Amerika. In relatief korte tijd wisten de Rothschilds heel Europa in hun baan en onder hun invloed te brengen. Ze kochten ambtenaren om en raakten bevriend met de vorsten en prinsen van Europa, terwijl ze ervoor zorgden dat er geen buitenstaanders in de familie kwamen. Wanneer een van de dochters een "liefdesrelatie" begint, wordt zij genadeloos verpletterd. Ze krijgt te horen dat de broers het huwelijk zien als een zakendeal en huwelijken regelen voor partnerschappen.

Het duurde slechts een generatie van planning, intriges en manipulatie van de publieke opinie voordat de Rothschilds de grootste kracht en invloed kregen, niet alleen in Europese zaken, maar ook in het Verre Oosten en later in de Verenigde Staten. Het huwelijk smeedde de familie tot een hecht en solide front. In 1815 maakte Oostenrijk de weg vrij door de vijf broers de erfelijke titel van "baron" toe te kennen, met het bijbehorende grondbezit. Hun razendsnelle opkomst naar roem, fortuin en macht was verbazingwekkend om mee te maken. Ze namen nooit een beslissing of een stap zonder nauw overleg met hun "communicatieagent" en "bron van voorkennis", de Von Thurn en Taxis.

Als politieke machtsposities niet konden worden bereikt, werden ze gekocht. Mayer Amschel, hoofd van Frankfurt, kocht bijvoorbeeld een zetel in de Pruisische Privy Council of Commerce. Dit was een positie die in het verleden alleen voor vorsten was weggelegd, en zijn succes bracht de Pruisische aristocratie aan het wankelen en veroorzaakte veel onrust en ontsteltenis.

Na de Restauratie van Bourbon (waarin de Rothschilds een belangrijke rol speelden) kreeg de jongste broer, James (Jacob), een charter om een filiaal van de Rothschild-bank in Parijs op te richten.

James begreep snel het belang van spoorwegen, financierde verschillende nieuwe lijnen en verdiende een enorm fortuin. Hij leende de spilzieke Bourbons miljoenen francs.

Nathan was het genie van de vijf broers. Als derde in de rij was hij degene tot wie de anderen zich wendden voor advies. Toen de broers besloten naar Engeland te verhuizen, stuurden ze Nathan naar Manchester, een grimmige industriestad in het noorden, in plaats van naar Londen. De reden hiervoor was dat de Rothschilds grote commerciële plannen hadden voor de lakenhandel aldaar, die zij ten volle wilden benutten alvorens hun activiteiten naar Londen te verplaatsen. De meeste stoffen die nodig waren voor de uniformen van het Britse leger en de marine kwamen oorspronkelijk uit Duitsland. Dankzij "postinformatie" van het postmonopolie van Von Thurn en Taxis kwamen de Rothschilds te weten dat er een oorlog met Napoleon op komst was. Nathan werd snel naar Duitsland gestuurd om alle voorraden van deze stoffen terug te kopen.

Toen de fabrieken van Manchester van de Britse regering de opdracht kregen om uniformen voor het leger en de marine te maken, stuurden zij hun agenten naar Duitsland om de nodige voorraden stof aan te schaffen, zoals zij altijd hadden gedaan, om vervolgens te vernemen dat de gehele productie reeds was verkocht aan Nathan Rothschild, van wie zij nu moesten kopen.

Toen het nieuws Manchester bereikte, ontstond er een hevig tumult. Op een gegeven moment vreesde Nathan voor zijn veiligheid. Na vijf jaar Manchester verhuisde Nathan in 1805 naar Londen.

In feite zou "vluchten" een betere omschrijving zijn, zoals hij gedwongen werd te doen toen de publieke woede over zijn acties begon op te lopen.

Een van de belangrijkste redenen voor Nathans grote succes was dat hij begreep dat snelle communicatie de sleutel was om zijn concurrenten te verslaan. Hij gebruikte de snelste ruiters, schepen en zelfs postduiven om te communiceren. Hij zocht gretig naar "voorkennis", die hij verborgen hield voor zijn concurrenten en voor regeringen. Hij had geheime agenten in alle hoofdsteden van Europa.

Deze trouwe groep aarzelde nooit om 's nachts te rijden, winter of zomer. Ze fokten het beste ras postduiven en voerden met de snelste boten, waarbij ze soms alle passages tussen Frankrijk en Engeland opkochten om concurrenten tegen te houden.

Nathan's grootste expertise was het kopen van staatsobligaties die in gebreke waren of op het punt stonden in gebreke te blijven, tegen enorme kortingen. Na verloop van tijd werd sterke druk uitgeoefend op de betrokken regeringen om de obligaties tegen nominale waarde terug te betalen, wat Nathan ongelooflijke winsten opleverde. Zo werd hij de financiële tussenpersoon voor meer dan de helft van de Europese regeringen. Enkele zeer opmerkelijke mensen hebben in het verleden verklaard dat "de beschaving eindigde in 1790", waaronder H. G. Wells, de beroemde Britse establishmentschrijver die in de *New York American*, (27 juli 1924) verklaarde dat de mentale en morele vooruitgang van het menselijk ras eindigde met de 18e eeuw.

Wells stond goed aangeschreven bij de Rothschilds, die zijn idee van de Volkenbond, wat Wells "een wereldstaat" noemde, die volgens hem onvermijdelijk was, goed vonden. De Erlangers doneerden 3.000 dollar voor dit doel, evenals N.M. Rothschild.

George Bernard Shaw, de Ierse toneelschrijver, zei tegen Hillaire Belloc: "Er gebeurde iets enorms in 1790." Dit werd gemeld in The *New York Times*:

> Er is reden om aan te nemen dat zij verwezen naar de grote revolutionaire bewegingen die begonnen in het midden tot het einde van de 18e eeuw, toen Amschel Rothschild in 1779 de rijkste man ter wereld, de landgraaf van Hessen Cassel, de baas werd.

HOOFDSTUK 4

De muren van Jericho [Frankfurt] brokkelen af

Ik zei al eerder dat slechts vijfhonderd Joodse families in Frankfurt, Duitsland mochten wonen. Mayer Amschel's aanpak van het probleem werd zijn handelsmerk. Ter gelegenheid van de geboorte van Napoleons zoon wilde Groothertog Dalberg van Frankfurt naar Parijs reizen om zijn eer te bewijzen, maar geen van de banken wilde hem het geld lenen om de reis te maken.

De oude Amschel zag echter de mogelijkheden om Dalberg tot zijn schuldenaar te maken en leende hem tachtigduizend gulden tegen vijf procent. Er was geen druk op de Groothertog om de lening terug te betalen zolang de rente werd betaald, maar tegelijkertijd waren er weinig gunsten die de Rothschilds vroegen die de Groothertog kon of wilde weigeren.

Amschel en zijn familie hielden zich bezig met enorme smokkeloperaties in weerwil van de Franse boycot van Engeland, wat de Rothschilds veel geld opleverde. Amschel werd verdacht en er werd een overval gepland voor mei 1809.

Dalberg, die nooit een gelegenheid voorbij liet gaan om geld te lenen van Amschel tegen gunstige tarieven, bracht hem op de hoogte van de op handen zijnde inval via zijn uitvoerend politiecommissaris, von Eitzlein.

Verwoede activiteiten brachten de smokkelwaar en de belastende documenten onder bij betrouwbare vrienden, zodat inspecteur Savagner en zijn mannen bij aankomst de oude Mayer Amschel in bed aantroffen. Hoewel de inspecteurs van Napoleons handelsboycot met lege handen terugkeerden, kreeg Amschel toch een schamele boete van 20.000 frank, maar hij ontsnapte aan de gevangenis, wat het geval zou zijn geweest als de smokkel door de inspecteurs was ontdekt.

Toen de onrust wegebde, pakte Amschel het probleem aan van de beperkingen op het aantal Joodse families dat in Frankfurt mocht wonen. Hij benaderde Dalberg, die hem nog steeds de hoofdsom van de lening schuldig was.

Volgens de wet moest elke Joodse familie een jaarlijkse belasting van 22.000 Gulden betalen om in de stad te mogen blijven. Amschel en een van zijn partners, een zekere Gumprecht, haalden de groothertog over om een forfaitair bedrag te aanvaarden dat de Joden burgerrechten in Frankfurt zou geven, iets waartegen de christelijke meerderheid zo fel gekant was. Bovendien eiste Amschel niet alleen gelijk burgerschap, maar ook dat de Joden hun eigen bestuursorganen en raden mochten oprichten.

De hebzuchtige Dalberg eiste dat het door Amschel voorgestelde forfaitaire bedrag twintig keer hoger zou zijn dan de totale jaarlijkse vergoeding.

Amschel en zijn vrienden reageerden door 294.000 guldens contant te betalen en het saldo in obligaties aan toonder.

In een brief aan de groothertog waarin hij de regeling en de voorwaarden bevestigde, liet Amschel zien dat hij de kunst beheerste wanneer nederig en onderdanig gedrag vereist was:

> Als ik de boodschapper van het goede nieuws zou kunnen zijn, zodra het door Zijne Koninklijke Hoogheid onze meest voortreffelijke Heer en Groothertog, in gunst is ondertekend, en ik mijn natie van hun grote vreugde zou kunnen informeren, zult u zo goed zijn mij per post te informeren, bekennen dat ik misbruik maak van uw vriendelijkheid en genade, maar ik twijfel er niet aan dat Uwe Hoogheid en uw eerbare familie grote hemelse beloningen mogen verwachten en dat zij veel geluk en zegen zullen ontvangen, want in werkelijkheid zal onze hele Joodse gemeenschap, als zij het geluk heeft gelijke rechten te verkrijgen, met groot genoegen alle rechten betalen die burgers moeten betalen.

Merk op hoe Amschel stoutmoedig beweerde dat de Joden van Frankfurt een aparte natie vormden. Het duurde enige tijd voordat de overeenkomst werd aangenomen, maar toen dat eenmaal gebeurd was, kondigde Amschel onmiddellijk de oprichting aan van het bestuursorgaan van de gemeenschap van Israëlitische godsdiensten, met von Eitzlein (een Jood) als eerste voorzitter, wellicht als beloning voor het feit dat hij Amschel had ingelicht over de geplande smokkeloverval in mei 1809. De Senaat en de Christenen waren woedend en vielen de overeenkomst onmiddellijk aan als het verlenen van speciale privileges aan de Joden.

Het gerucht ging dat Dalberg een aanzienlijke betaling had ontvangen, die hij niet openbaar maakte. Het sentiment tegen Dalberg en de Joden bereikte een hoogtepunt. Beschuldigingen van omkoping in ruil voor gelijke rechten vlogen in het rond. Met de val van Napoleon werd Dalberg afgezet en vervangen door Baron von Hugel van Hessen.

Amschel was niet bang voor Oostenrijk of Pruisen, hij had hun regeringen in de palm van zijn hand, maar hij vreesde dat wanneer het Congres van Wenen in 1814 zou beslissen over de status van Frankfurt, de Dalberg-overeenkomst niet zou worden nagekomen. Hij stuurde Jacob Baruch en een zekere Gompers als zijn vertegenwoordigers, maar de Weense politie liet hen aanzien als revolutionairen en beval hun uitwijzing.

Maar prins Metternich, die door Nathan Rothschild was gecreëerd, net zoals Adam Weishaupt, Napoleon, Disraeli en Bismarck allemaal marionetten (of "lakeien") van de Rothschilds waren, annuleerde het bevel. Omkoping en corruptie werden openlijk bedreven.

Humbold kreeg drie prachtige smaragden ringen aangeboden ter waarde van een echt fortuin, plus vierduizend dukaten, die hij weigerde.

Metternichs secretaris, Frederick von Gentz, accepteerde echter de aangeboden steekpenningen en werd voor altijd een waardevolle tussenpersoon voor de Rothschilds bij de machtige

Oostenrijkse adel en politieke leiders.

Toen het nieuws van Napoleons landing op Frans grondgebied vanuit zijn ballingschap op Sint Helena het Congres bereikte, moest de "Joodse kwestie" terzijde worden geschoven. Het Congres van Wenen was de eerste wereldconferentie die werd gedomineerd door internationale bankiers, en de Rothschilds speelden een zeer grote rol in de controle die de bankiers uitoefenden op de besluiten die werden genomen.

HOOFDSTUK 5

De Rothschilds plunderen de vijf grote machten...

Graaf Buol-Schauenstein, de Oostenrijkse vertegenwoordiger, was geschokt door de deal van Dalberg-Rothschild met de Joden van Frankfurt:

> Handel blijft het enige middel van bestaan voor de Joden. Dit volk, dat zich nooit verenigt met een ander, maar altijd samen optrekt om zijn eigen doelen na te streven, zal spoedig de christelijke ondernemingen overschaduwen; en met de geweldig snelle toename van hun bevolking, zullen zij zich spoedig over de hele stad verspreiden, zodat er geleidelijk een Joodse handelsstad zal verschijnen naast onze eerbiedwaardige kathedraal.

Ik heb veel tijd besteed aan het onderzoeken van documenten in het British Museum, die op een of andere manier naar de familie verwezen, zodat ik kon schrijven over de opkomst van de Rothschild-dynastie, en veel van wat gezegd is, komt uit deze bron. Baron James is een grote persoonlijkheid geworden. Koningen en ministers moesten op hem rekenen, en hij rechtvaardigde dit door een lening van 520 miljoen francs te financieren aan de regering van de Restauratie, die geld nodig had na de grote oorlogen van de Revolutie en het Keizerrijk. In zijn boek *Les Juifs rois de l'époque* schrijft Toussenel:

> Het fatale jaar 1815 kan worden beschouwd als het tijdperk van de nieuwe macht; hoewel vóór deze datum de coalitie van bankiers die grote omwentelingen kocht de Moskou-campagne en Waterloo - we moeten de inmenging van de Joden in onze (Franse) nationale zaken niet vergeten. In 1815 werd Frankrijk

veroordeeld tot het betalen van 1500 miljoen francs aan oorlogsschadevergoedingen en viel ten prooi aan de internationale financiers van Frankfurt, Londen en Wenen, die hun krachten bundelden om haar rampspoed uit te buiten. James Rothschild betaalde slechts 50 frank voor elke staatsobligatie van 100 frank en ontving vijf frank aan rente, waardoor het geleende geld tien procent opbracht. James werd de geldschieter van de Koningen. Dit gekoppeld aan zijn speculatie op de beurs, waar hij de stijging en daling van aandelen kon beïnvloeden, deed de Baron miljoenen verdienen.

Tussen 1815 en 1830 deden de Rothschilds niets anders dan de vijf grootmachten plunderen: Engeland, Rusland, Frankrijk, Oostenrijk en Pruisen. Pruisen leende bijvoorbeeld 5.000.000 pond tegen 5%, maar ontving slechts 3.500.000 pond of 70% voor zijn staatsobligaties, zodat de reële rente meer dan 7% bedroeg. Maar het belangrijkste punt van de deal was dat de obligaties binnen enkele jaren tegen 100% zouden worden terugbetaald. De Rothschilds maakten een winst van 1.500.000 pond plus rente. In 1823 nam James de hele Franse lening over.

Volgens professor Werner Sombart in zijn boek *Les Juifs et la vie économique:*

> De periode vanaf 1820 werd bekend als het tijdperk van de Rothschilds, zodat het tegen het midden van de eeuw gemeengoed was om te zeggen dat er maar één macht in Europa was en dat waren de Rothschilds.

Zoals eerder uitgelegd was Disraeli's fictiewerk, *Coningsby*, een nauwelijks verhuld verslag van het leven van Nathan Rothschild II, en uiterst onthullend:

> Zijn vader [Nathan Rothschild] had een broederschap opgericht in de meeste grote hoofdsteden. Daar was hij heer en meester over de geldmarkten van de wereld, en natuurlijk vrijwel heer en meester over al het andere. Hij had letterlijk de inkomsten van Zuid-Italië in pand [via Karl Rothschild in Napels] en de vorsten en ministers van alle landen maakten hem het hof en lieten zich leiden door zijn suggesties. Tussen Parijs en Napels bracht Sidonia [Lionel] twee jaar door. Sidonia heeft geen hart, hij is een man zonder affecties.

Dit is het boek dat Nathan Rothschild aan Disraeli dicteerde en als fictie publiceerde, maar er bestaat geen nauwkeuriger geschiedenis van de Rothschilds dan deze. Wie was Disraeli?

°In *La Vielle France* N 216 verklaarde Bismarck dat Disraeli slechts een instrument was van de Rothschilds en dat het Disraeli en de Rothschilds waren die het plan hadden geformuleerd om de Verenigde Staten te ontbinden door middel van een grootscheepse burgeroorlog. Disraeli was slechts één van hun creaties die zij uit de vergetelheid naar glorie brachten. Zijn grootvader, Benjamin D'Israeli, arriveerde in Engeland in 1748. Zijn zoon, Isaac D'Israeli, werd geboren in 1766 en werd al snel een bolsjewiek. Een van zijn werken is getiteld *Against Trade*.

Over zijn vader zei Disraeli: Hij leefde met geleerde mannen. Deze geleerden waren Nathan Rothschild en zijn gevolg. Overigens is "El-Israeli" (D'israeli?) een Arabische naam van Turkse oorsprong die in het Midden-Oosten wordt gebruikt om mensen van Joodse afkomst aan te duiden. Waarschijnlijk kwam de familie van zijn vader vanuit Turkije naar Italië en vestigde zich in Ancona of Cento. Isaac hield zich bezig met schrijven en bezocht, zoals vele geleerden voor hem, het British Museum.

Hij was ook importeur van strohoeden, marmer en aluin, maar Isaac wilde schrijven.

In 1788 stuurde zijn vader hem naar Frankrijk, Italië en Duitsland om te studeren. Hij keerde in 1789 terug naar Engeland en schreef *The Curiosities of Literature*, dat werd uitgegeven door de socialist John Murray. Het boek werd een literair succes en beleefde dertien edities.

Benjamin erfde zijn schrijfvaardigheid waarschijnlijk van zijn vader.

Benjamin werd in 1804 geboren in een gezin met bescheiden middelen. Hij werd volgens joods gebruik op de achtste dag besneden en groeide op in het joodse geloof. Hoewel hij daar trots op was, moeten we aannemen dat hij al vroeg wist dat zijn "joods-zijn" een nadeel zou zijn voor een openbaar ambt, omdat het in Engeland in die tijd door de godsdienst verboden was voor joden om lid te worden van een politieke partij.

Maar op bevel van Nathan Rothschild werd Benjamin op dertienjarige leeftijd op 31 juli 1817 als christen gedoopt, zodat hij kon toetreden tot de Engelse samenleving en het politieke establishment, dat in die tijd door de Test Acts voor joden gesloten was. De orders van Nathan Rothschild waren om alle barrières tegen Joden af te breken.

Hij zei ooit tegen Lord Melbourne, de minister van Binnenlandse Zaken, "Ik word premier van Engeland", wat Melbourne fantasievol en onmogelijk vond. Natuurlijk was Melbourne zich toen niet bewust van Disraeli's banden met de "Rothschilds". Maar eerst moest de benodigde financiering ergens vandaan komen. Op zijn tweeëntwintigste begon hij te "speculeren" op de aandelenmarkt, een hoogst onwaarschijnlijke bezigheid voor een man die altijd berooid was geweest.

Een zekere Thomas Jones - meer dan waarschijnlijk een aangenomen naam - vond tweeduizend pond om mee te beginnen en vervolgens negenduizend pond - een enorm bedrag in die tijd om te investeren in een berooide, onervaren schrijver! Er is niet veel fantasie voor nodig om tot de conclusie te komen dat 'Thomas Jones' niemand minder was dan Nathan Rothschild.

erNet als bij de biografen van Napoleon I, Bismarck, Metternich, maarschalk Soult (die Napoleon verraadde bij Waterloo), Karl Marx, Bombelles, Lassalle, Hertz, Kerensky en Trotsky, was er veel lof voor Disraeli, een voormalige non-entiteit. J. G. Lockhart, de schoonzoon van Sir Walter Scott, was buiten zichzelf toen hij in 1825 schreef:

> Ik kan eerlijk zeggen dat ik nog nooit een veelbelovender jongeman heb ontmoet. Hij is een geleerde, een ijverige student, een diepe denker, met grote energie, gelijkmatig doorzettingsvermogen, onvermoeibare inzet en een complete zakenman. Zijn kennis van de menselijke natuur en de praktische strekking van al zijn ideeën hebben mij vaak verbaasd in een jongeman die nauwelijks de twintig is gepasseerd.

Een andere verblinde vriend schreef:

> Hij had geen rang, geen belangrijke vrienden, geen fortuin, maar hij was een bekwaam wetenschapper die het establishment

verblindde met de stoutmoedigheid van zijn conceptie en zijn briljante triomfen. Hij had dat opperste zelfvertrouwen dat neerkomt op virtueel genie. Hij raakte nooit ontmoedigd.

Natuurlijk deed hij dat! Gesteund door Nathan Rothschild, had hij de wereld aan zijn voeten. Kon de geschiedenis maar herschreven worden!

> De Engelse aristocratie werd niet vernietigd door de "Franse" Revolutie en bleef zich onverbiddelijk verzetten tegen de Joden totdat Disraeli, namens de Rothschilds, hen versloeg. Disraeli was het paard van Troje, binnengeglipt in het hart van de Engelse samenleving en haar politieke establishment.
>
> (Documenten van Graaf Cherep-Spiridovich en het British Museum)

In december 1922 publiceerde de British Guardian een artikel van Dr. John Clarke, dat het citeren waard is:

> En de manier waarop deze machtige firma [de Rothschilds] de regering van Frankrijk en Engeland bestuurt, kan worden afgeleid uit twee recente voorvallen. De secretaris van de Franse legatie, M. Thierry, op de ambassade in Londen, trouwde enkele maanden geleden met een Joods lid van de Rothschild-clan. En nu zijn de verborgen mentoren van Bonar Law's nieuwe "Conservatieve" partij [de Britse premier die beloofd heeft Disraeli's beleid te volgen] dezelfde.
>
> De regering drong er bij hem op aan om als ambassadeur in Parijs een niet-diplomatieke "liberaal" te sturen, de markiezin van Crewe, wier vrouw de dochter was van Hannah Rothschild, gravin van Roseberry. Hier hebben we de echte basis van de Frans-Britse Entente - "R.F.", dat staat voor Rothschild Frères, de gebroeders Rothschild, omvat het Britse Rijk, de Franse Republiek en de meeste andere republieken en koninkrijken tussen Moskou en Washington.

Wie maakte de weg vrij voor zulke verbazingwekkende veranderingen op het Engelse politieke toneel? Het was Disraeli, die premier Bonar Law "controleerde". In Buckle's *Life of Disraeli,* geeft de auteur geen indicatie van wie Disraeli maakte:

> "Geen enkele carrière in de Engelse geschiedenis is mooier dan die van Disraeli, en geen enkele is tot nu toe in meer mysterie

gehuld."

In feite was er helemaal geen 'mysterie'. Maar voor Nathan en zijn zoon Lionel Rothschild zou Disraeli nooit hebben bestaan buiten zijn kleine, hechte familiekring. Van 1832 tot 1837 had Disraeli grote problemen met onbetaalde schulden. In april 1835 was hij gedwongen een groot deel van zijn tijd binnenshuis door te brengen om "te voorkomen dat hij door schuldeisers zou worden afgeperst", zoals hij schreef in een brief aan Lady Henrietta Sykes, zijn minnares.

In augustus 1835 ging Disraeli naar Bradenham om aan zijn schuldeisers te ontsnappen. Een van hen was een man genaamd Austen, die dreigde hem te laten arresteren en naar een debiteurengevangenis te sturen. In Bradenham probeerde hij zijn roman *Henrietta Temple te* schrijven. Tegen die tijd overschaduwden zijn schulden zijn schrijven. In juli werd een andere van zijn schuldeisers, ene Thomas Mash die had aangedrongen op betaling, dringend en Disraeli liep in angst (als hij zich buiten waagde) voor een dreigende arrestatie.

Voortdurend in de greep van ernstige financiële moeilijkheden, zwaar in de schulden op twintigjarige leeftijd en niet in staat een zetel in het Lagerhuis te veroveren, wat hij van 1832 tot 1837 had geprobeerd, maakten de Rothschilds, die hem sinds zijn tiende in de gaten hielden, hem tot hun "lijfknecht".

In een brief aan zijn zus Sarah in 1849 geeft Benjamin dit toe. Dat jaar was de slechtste financiële periode van zijn leven. Hij werd lastiggevallen door zijn schuldeisers en moest voor een hof van assisen verschijnen toen, zoals hij het in zijn brief aan Sarah uitdrukte, "Mayer Rothschild ongewild de kat uit de zak liet vallen".

Disraeli "verhief Engeland niet tot de hoogste positie" zoals Buckle beweert. Integendeel, wat hij deed was Engeland voorbereiden op een reeks rampzalige oorlogen. Hij maakte generaties Engelsen bang met zijn leugens over "Groot Rusland" dat een gevaar en bedreiging voor Engeland zou zijn. Premier Gladstone beschuldigde Disraeli van liegen. Was hij oprecht over het vermeende Russische "gevaar"?

Lord Gladstone zei dat hij slechts twee dingen "serieus nam: zijn vrouw en zijn ras". Gladstone wist natuurlijk niet dat Benjamin "serieus" was over de Rothschilds, over wie hij zelden sprak, misschien omdat niemand van enige rang de Rothschilds ongestraft kon uitdagen. Benjamin Disraeli was de juiste man voor de Rothschilds, Lionel, Mayer, Anthony en hun families, waaronder de Montefiores. In een brief aan zijn zus Sarah schreef hij dat er na zijn huwelijksreis een feest was geweest in het huis van mevrouw Montefiores en dat er "geen enkele christelijke naam in voorkwam".

Het lijdt geen twijfel dat Benjamin zijn mentoren een grote dienst heeft bewezen door hen vanuit zijn hoge positie te voorzien van "inlichtingen".

We weten dat het een van deze "spionagebaantjes" was die de Rothschilds in staat stelde de lucratieve lening voor het Suezkanaal te lanceren.

Beschreven als een "staatsgreep" geënsceneerd door Disraeli, waren de feiten niet zo eenvoudig. Via zijn geheime "inlichtingendienst" vernam Disraeli dat de Egyptische khedive, Ishmail Pasha, zijn aandelen in de Compagnie Universelle de Suez wilde verkopen.

Dankzij "informatie" verstrekt door Von Thurn en Taxis' controle van de post, kreeg Disraeli op 15 november 1875 te horen dat de Khedive onderhandelde met twee Franse banken over de verkoop van de aandelen. Disraeli haastte zich onmiddellijk naar Baron Lionel de Rothschild, die ermee instemde de Britse regering hiervoor een lening te verstrekken. Het geheime plan werd uitgewerkt door Lionel en Disraeli en op 24 november ter goedkeuring voorgelegd aan het Britse kabinet. Dat Lionel zo snel kon handelen wordt niet vermeld, en zo blijft het in de publieke belangstelling een "Disraeli stunt".

Dit verslag, afkomstig uit de verzamelde werken van generaal-majoor graaf Cherep-Spiridovich, ontkracht in hoge mate de mythen en legenden die zijn ontstaan rond het leven en de tijd van Nathan Rothschild, zijn naaste en verre verwanten die in

Londen woonden, en de legendarische Disraeli.

HOOFDSTUK 6

Benjamin Disraeli: een spion in dienst van de Rothschilds

Het was een win-winsituatie: de Rothschilds stonden altijd klaar om Benjamin uit zijn financiële problemen te redden, vooral in 1835, 1849, 1857 en 1862, toen zijn schulden opliepen tot zo'n 300.000 dollar en hij niet kon terugbetalen. Geconfronteerd met zijn vijand, de hertog van Portland, die hem op de hielen zat, werd hem geld "geleend" door een van de stromannen van Baron de Rothschild, een zekere Philip Rose, die toevallig in hetzelfde hotel in Torquay verbleef als Baron Rothschild. We mogen aannemen dat Rose Rothschild overhaalde om Disraeli het geld te lenen dat hij nodig had. Torquay, gelegen aan de oostkust van Engeland, was een mondaine badplaats met mooie hotels en kuuroorden, die vaak bezocht werden door royalty's en hun familieleden. In een brief aan zijn zus in december van dat jaar schreef Benjamin:

> "Hij geeft graag aan zijn vrienden, leent niet, want hij neemt nooit interesse van mij..."

Ik stel voor de geschiedenis van enkele van de beroemdste mensen ter wereld te onderzoeken en te proberen te ontdekken welke rol de Rothschilds in hun leven hebben gespeeld. Om dezelfde reden zal ik ook kijken naar revoluties en oorlogen. Het is een zware taak, maar noodzakelijker dan ooit.

Er zijn zoveel leugens in de geschiedenis van de heersende elite geweest dat onze zintuigen zijn afgestompt en ik vraag me af hoe de waarheid ooit bekend zal worden bij de gewone mensen van deze wereld, die het zwaarst hebben moeten lijden onder deze omwentelingen en nooit hebben geweten waarom zij zulke vreselijke offers hebben moeten brengen. Natuurlijk hebben ze de door propaganda gehamerde verklaringen die de meeste mensen tevreden stellen, maar voor degenen die de waarheid willen weten is het nooit genoeg geweest om te praten over "patriottisme", "liefde voor het land", "de wereld veilig maken voor democratie" en het voeren van een "oorlog om alle oorlogen te beëindigen". Ik kan niet te ver teruggaan in de geschiedenis, dus laten we beginnen met enkele van de meest explosieve omwentelingen die de wereld hebben getroffen, te beginnen met de 18e eeuw en de betrokken persoonlijkheden, en dan verder tot de 20e eeuw. Om redenen van ruimte beperken we ons tot de belangrijkste aspecten van deze gebeurtenissen.

Hoewel er geen tastbaar bewijs is voor de betrokkenheid van Rothschild bij de cataclysme van de Franse Revolutie, zijn historici geneigd te geloven dat zij erachter zaten, via enkele van hun agenten. Hun bekende haat tegen het christendom en hun verlangen om Frankrijk te ontdoen van de christelijke monarchie die het vertegenwoordigde, vormden de drijvende kracht achter de Revolutie. Het verzet tegen het christendom is de factor die de Rothschilds zou hebben gemotiveerd om bij elke gelegenheid indirect de confrontatie met het christendom aan te gaan.

Eén ding is in het verleden duidelijk geworden: alle oorlogen die sindsdien zijn gevoerd, zijn gevoerd ter bevordering van het internationale socialisme, waarvan de Rothschilds trouwe aanhangers waren.

Uit documenten in het British Museum blijkt dat de Rothschilds nauw betrokken waren bij elke opstand en oorlog sinds 1770. Indirect is er bewijs dat een tak van de Rothschilds de Franse Revolutie hielp financieren via de bank van Moses Mocatta, de oom van Sir Moses Montefiore, wiens broer Abraham Montefiore getrouwd was met Mayer Amschels dochter Jeanette.

De zoon van Mayer Amschel, Nathan, trouwde in 1806 met de schoonzus van Sir Moses Montefiore. Een andere dochter van Abraham Montefiore, Louisa, trouwde in 1840 met Sir Anthony Rothschild.

Een feitelijke benadering van de geschiedenis stelt ons in staat te begrijpen dat de Joodse bankhuizen van Daniel Itzig, David Friedlander, Herz Geribeer en Benjamin en Abraham Goldsmidt de belangrijkste financiers waren van de "Franse" revolutie. Het is interessant dat van de achtenvijftig huwelijken die door de afstammelingen van Mayer Amschel zijn gesloten, er negenentwintig waren tussen neven en nichten.

Vanaf 1848 nam het tempo toe. Marx stelde vast dat alle oorlogen gericht moesten zijn op het bevorderen van het internationale socialisme, en Lenin en Trotski legden dit vast in de communistische doctrine. De Eerste Wereldoorlog werd begonnen om het bolsjewisme in Rusland te vestigen, om een "thuis voor de Joden in Palestina" te creëren, om de katholieke kerk te vernietigen en Europa uiteen te rijten.

De eerste poging tot één wereldregering werd gelanceerd onder de vermomming van de Volkenbond. De Tweede Wereldoorlog werd gevoerd om Japan en Duitsland te vernietigen - twee landen waar de nationale geest bijzonder sterk was - om van de USSR een communistische wereldmacht te maken en het bereik van het bolsjewisme uit te breiden tot driekwart van de wereld. In de nasleep van de oorlog werden de Verenigde Staten aangespoord om zich aan te sluiten bij de volgende poging tot één wereldregering, de Verenigde Naties.

De Tweede Wereldoorlog veranderde het gezicht van de Verenigde Staten, die door het grote contingent internationale socialisten in machtsposities gedwongen werden zich te ontdoen van hun grondwet en republikeinse regeringsvorm en de rol aan te nemen van het nieuwe Romeinse wereldrijk. Kortom, de Verenigde Staten zijn van hun christelijke republikeinse regeringsvorm veranderd in een imperiale macht die voorbestemd is om de wereld te veroveren voor en in naam van het internationale socialisme.

Achter deze machtige veranderingen zat macht, geld en de leidende hand van de Rothschilds. Ik zal proberen de belangrijkste gebeurtenissen die deze oorlogen en andere belangrijke historische gebeurtenissen veroorzaakten, de revue te laten passeren.

Toen de revolutie in Frankrijk uitbrak, waren de adel en de geestelijkheid liberaal tegenover de Franse burgers. Ze hadden vrijheid van arbeid en persvrijheid; volgens het boek van Louis Dasté, *La Franc-Maçonnerie et la Terreur*, gebaseerd op documenten uit de periode vóór 10 augustus 1789 - was alles wat het Franse volk wenste aan vrijheid, vrijheid van buitensporige belastingen en godsdienstvrijheid toegekend. Als er één ding is dat ik van de geschiedenis heb geleerd, dan is het dat er een kwade macht is die elke vorm van vrijheid en rechtvaardigheid voor de gewone man in de wereld haat en tot de dood bestrijdt.

Telkens wanneer een dergelijk regeringssysteem werd opgezet, kwamen deze geheime en kwaadaardige heersers binnen en wierpen deze welwillende regeringen omver door hun toevlucht te nemen tot extreem geweld en wreedheid. Een voorbeeld is Rusland, waar tsaar Alexander II had ingestemd met een nieuwe grondwet.

Zijn minister Stolypin had de wielen in beweging gezet om de boeren land te geven en de banken te nationaliseren; tsaar Nicolaas had oorlogen verboden door te dreigen "de eerste die schiet" neer te schieten en de tsaren stonden bekend als de meest beschaafde, erudiete en gracieuze mensen ter wereld. Stolypin werd wreed vermoord door bolsjewistische revolutionairen om te voorkomen dat de door de tsaar beloofde vrijheden en hervormingen in praktijk zouden worden gebracht.

Op 4 augustus 1789 bestormden drieëntachtig niet-geïdentificeerde personen het Hôtel de Ville in Parijs onder het roepen van "wij zijn de 300" (waarmee ze onbedoeld de verborgen hand van hun machthebbers onthulden).

In Frankrijk is het stadhuis meestal het centrum van het burgerlijk bestuur. Robespierre en Danton deden niet onmiddellijk mee aan de daaropvolgende bloeddorst. Stéphane Lausanne, redacteur van Le *Matin de Paris* zei in een artikel op 6 januari 1923:

> Wij Fransen denken dat we alles weten over de krachten van onze planeet. Maar we weten niets over de mannen wiens namen

de massa niet eens kan spellen. Deze mannen, machtiger dan Caesar of zelfs Napoleon, bepalen het lot van de wereldbol. Deze mannen sturen staatshoofden aan, controleren en onderwerpen de mensen die regeren, manipuleren de handel en ontketenen of onderdrukken revoluties.

Wat hij niet wist was dat de Rothschilds Napoleon creëerden en controleerden als hun instrument, en zich van hem ontdeden zodra het Corsicaanse genie dit besefte en in staat van opstand kwam, waarvan de eerste uiting zijn scheiding was van zijn vrouw, de Creoolse Josephine. Philip Francis schreef in de *New York American onder de* titel "The Poison in America's Cup":

> In theorie regeren we onszelf; in werkelijkheid worden we geregeerd door een oligarchie van de Amerikaanse tak van de Internationale Federatie van Bankiers, de coalitie van plunderaars. De Britse regering is de camouflage waarachter de geldkoningen van deze wereld tot nu toe hun economische oorlog tegen de massa's van het volk hebben verborgen.

Er is geen direct bewijs van betrokkenheid van Rothschild bij het uitbreken van de Franse Revolutie, maar er is ruim bewijs dat Mirabeau lid was van de loge Les Amis Réunis, evenals zijn partner Talleyrand. Mirabeau en Talleyrand ontdekten Napoleon, die tot dan toe een obscure officier in het Franse leger was geweest. Aangenomen wordt dat veel details van de Franse Revolutie werden besproken in het paleis van de landgraaf van Hessen in Wilhelmsbad, waar, zoals bekend, vaak vooraanstaande vrijmetselaars bijeenkwamen, wat een verband legt met Mayer Amschel, die aan het hoofd stond van "het geheime conclaaf dat buiten de vrijmetselaars om en onbekend was" en waar de "Franse" Revolutie werd gepland.

Ook was er de link met Adam Weishaupt, oprichter van de Illuminati via Wilhelmsbad. In het eerder genoemde boek *The Rothschild Money Trust* staat op pagina 17:

> Er wordt ook aangenomen, zoals zij beweren, dat de Illuminati een belangrijke rol speelden bij het tot stand brengen van de bloedige dagen van 1789, die zij voorbereidden en naar verluidt gefinancierd werden door Joden en die het grote Huis van Rothschild net financieel hoog had zitten. Er zijn aanwijzingen

dat deze opstand tegen het koningshuis werd gefinancierd door het "grote huis van Rothschild" en dat de Franse Revolutie werd uitgelokt door Joden. Het was de laatste daad die Joden bevrijdde van hun politieke en burgerlijke handicaps in Frankrijk.

Helaas voor de geschiedenis geeft *The Rothschild Money Trust geen* specifieke bronnen ter ondersteuning van de bewering dat de Franse Revolutie werd gefinancierd door de Rothschilds.

In 1782, nadat hij het immense fortuin van de landgraaf van Hessen-Cassel had "verworven", benaderde Amschel Weishaupt, die op dat moment het leven van een bedelaar leidde. Weishaupt is een man met bescheiden middelen die worstelt om het geld te vinden voor een illegale abortus op zijn schoonzus. Na zijn ontmoeting met Amschel arriveerde Weishaupt in Parijs met miljoenen francs tot zijn beschikking. Hij "importeerde" minstens 30.000 criminelen van de ergste soort en installeerde ze in schuilplaatsen in Parijs. Hij doet hetzelfde in Duitsland. Toen in 1789 alle voorbereidingen waren afgerond en het toneel was opgezet, brak in Parijs de hel los. Volgens Pouget Saint-André, een kroniekschrijver van de revolutie die in Frankrijk uitbrak, was Danton Joods, evenals Robespierre, wiens echte naam Ruben was. Pouget Saint-André, auteur van *Les Auteurs de la Révolution Française*, stelde de vraag die tot op de dag van vandaag nooit is beantwoord:

> "Waarom heeft de Conventie zoveel bloed vergoten? Men zegt dat het bloedvergieten werd veroorzaakt door de haat van het volk tegen de bevoorrechte klasse. Hoe valt het lage percentage geëxecuteerde aristocraten te verklaren, slechts 5% van alle veroordeelden? Waarom werden de hervormingen gekocht voor de exorbitante prijs van 4 miljard francs en 50.000 hoofden, terwijl Lodewijk XVI ze al gratis aanbood?"

Ernest Renan schreef in zijn boek *La Monarchie constitutionnelle en France*: De moord op koning Lodewijk XVI was een daad van het meest afschuwelijke materialisme, van het meest schandelijke beroep van ondankbaarheid en laagheid, van de meest gewone schurkenstreek en vergetelheid van het verleden. Niets, behalve de bloeddorst van degenen die de koning ter dood brachten, rechtvaardigde een dergelijk offer.

# HOOFDSTUK 7

Getuigenissen van de verschrikkingen van de Franse Revolutie

Al degenen die het werk van de geheime genootschappen en hun handlangers hadden gedaan om Frankrijk over te nemen, werden vervolgens geëxecuteerd, sommigen op gruwelijke en wrede wijze, waaronder Danton en Robespierre, naar men aanneemt, om hen het zwijgen op te leggen opdat zij op een dag in de verleiding zouden komen te onthullen wie de mensen achter de revolutie waren.

Moord was toen, net als nu, het favoriete wapen tegen degenen die de wil van de "300" wilden dwarsbomen.

Lord Acton maakte in zijn essay over de Franse Revolutie de volgende opmerking:

> Wat ontstellend is, is niet het tumult, maar het ontwerp. Door al het vuur en de rook heen zien we het bewijs van een berekenende organisatie. De leiders blijven zorgvuldig verborgen en gemaskeerd, maar hun aanwezigheid is vanaf het begin onmiskenbaar.

We komen nog terug op het Russisch-Japanse conflict van 1904, op degenen die het hebben opgezet en gefinancierd en op hun beweegredenen, maar voor nu citeren we terloops wat de redacteur van de *New York Evening Post op* 9 december 1924 zei:

> Ergens achter de mist van propaganda proberen sinistere onzichtbare handen de vreedzame betrekkingen tussen Rusland en Japan te vernietigen. Japan wil geen oorlog. Amerika wil zeker geen oorlog. Waarom dan dat eeuwige geroep dat Japan

een vijand is die in de gaten moet worden gehouden, gewantrouwd, bewapend en uiteindelijk bestreden?

Van alle historische figuren van de laatste drie eeuwen, is niemand bekender dan Napoleon. Toch wordt er weinig gezegd over hoe hij van obscuriteit naar glorie steeg.

Zoals de meeste mensen die door de Rothschilds zijn "geadopteerd", was Napoleon erg arm toen Talleyrand hem bij de Rothschilds introduceerde. Hij had geen geld om de was te betalen en slechts één hemd. Zijn uniform was verstrekt door Joséphine de Beauharnais, met wie hij later trouwde nadat graaf Paul de Barras haar had afgewezen nadat ze zijn minnares was geweest.

In 1786 was Napoleon een tweede luitenant, een arme straatarme onderofficier die van deur tot deur ging op zoek naar een baantje om zijn salaris aan te vullen. Het was een tijd waarin de bevolking van Europa genoeg had van het theoretische drieluik "Liberté, Égalité et Fraternité". Amschel was teleurgesteld dat Weishaupt weinig vooruitgang had geboekt in zijn strijd tegen de katholieke kerk, en hij was op zoek naar "nieuw talent". Amschel was voldoende onder de indruk van het vuur en de ijver van de Corsicaan om hem de middelen te geven om fatsoenlijk te leven. H. Fischer, in een artikel geraadpleegd in het British Museum, schrijft:

> "In 1790 slaagde Napoleon erin, op een manier die toen als gewetenloos werd beschouwd, zichzelf tot tweede man van een heel bataljon te laten kiezen."

Hoe is hij daar gekomen? Charles MacFarlane heeft in zijn boek *The Life of Napoleon* (het lag vroeger in het British Museum, waar ik het heb kunnen raadplegen) enig licht geworpen op deze "verbazingwekkende opkomst tot de macht".

Augustin Robespierre, de jongere broer van de verschrikkelijke Dictator, ontmoette Bonaparte tijdens de inname van Toulon in 1798. Het valt niet te ontkennen dat hij een intimiteit ontwikkelde, met alle schijn van een warme vriendschap, met Augustin, die even meedogenloos zou worden als zijn oudere broer.

Volgens de autobiografie van Wolf Tone (Barry 1893) was Robespierre een Illuminist.

Een christen van naam, Napoleon voelde al snel de haat tegen het christendom branden in Amschel's borst, dus nam hij zijn toevlucht tot simulatie om zijn nieuwe leverancier van geld te bevredigen. Hij keerde zich tegen de katholieke kerk. De vernedering van de paus was een zeer aangenaam vooruitzicht voor Amschel, en het geld begon in steeds grotere hoeveelheden in Napoleons zakken te stromen.

Zo worden zijn "verbazingwekkende opkomst aan de macht" en zijn "verbazingwekkende successen" verklaard! Zoals we in modern taalgebruik zeggen, volgden Napoleons schrijvers en biografen eenvoudigweg het geldspoor niet.

Weishaupt's falen om de katholieke kerk te vernietigen, het doel waarvoor hij door Amschel was "geconstrueerd", was pijnlijk, maar toen Napoleon onder zijn aandacht werd gebracht, werd hem het hele werk toevertrouwd. Hoe het moest worden volbracht, werd gepland in de vrijmetselaarsloges in Parijs die door Talleyrand werden bezocht en in Frankfurt door Amschel.

Het was Talleyrand die tegen Napoleon zei:

> Oorlog is de enige manier om de kerk te vernietigen.

H.G. Wells erkende dit toen hij het Corsicaanse genie beschreef als "een harde, bekwame, capabele, ondernemende sloper (van de revolutie)", maar hij verzuimde zijn financiële geldschieter te noemen, zonder wiens massa's geld deze eigenschappen hem weinig zouden hebben opgeleverd.

Zoals Kerensky, Trotsky, Disraeli, Lloyd George en Bismarck, nam Amschel Napoleon toen hij van geen belang was, en maakte hem de belangrijkste man in Europa.

Hoewel H. G. Wells klaagde dat hij de revolutie niet doorzette, was dat niet het punt. Toen Amschel Napoleon met een grote meerderheid van stemmen liet benoemen tot Eerste Consul voor het leven, was het toneel klaar om het doek over Europa te trekken.

Zolang hij Amschels missie uitvoerde om de christelijke monarchieën en de katholieke kerk te vernietigen, leidde Napoleon een gecharmeerd leven, waarbij hij van het ene succes naar het andere ging. *How Great Was Napoleon* is een uitstekend boek van Sidney Dark dat ik vond in het British Museum, waarin hij schrijft:

> Napoleon, geboren zonder enig voordeel van rijkdom of hoge afkomst, maakte zich vóór zijn 35e jaar meester van de wereld en beëindigde zijn carrière van ongekende romantische onmogelijkheid op 46-jarige leeftijd.

Dit gaat volledig voorbij aan de krachten achter Napoleon, Amschel en zijn miljoenen en de plannenmakers binnen de vrijmetselaarsloges in Parijs en Frankfurt. Op 9 maart 1796 trouwde Napoleon met Josephine de Beauharnais, een Creoolse met onverzadigbare seksuele lusten die al voor haar uniform had betaald.

Het huwelijk werd geregeld door de Rothschilds via graaf Paul de Barras, die Napoleon ook had benoemd tot opperbevelhebber van het leger in Italië.

Joséphine was de minnares van Barras, maar omdat hij haar zat was, wilde hij hun relatie beëindigen. Om te voorkomen dat zij wraak op hem zou nemen, zorgde de graaf van Barras ervoor dat zij met Napoleon trouwde, wat niet bepaald de "romantische" draai is die vrijwel alle auteurs van het leven en de tijd van Napoleon er soms aan geven.

Joséphine hielp de Barras door hem vertrouwelijke informatie te verstrekken die zij van haar man had gekregen en die natuurlijk rechtstreeks aan de Rothschilds werd doorgegeven. De kroning van Napoleon in 1804 werd door Amschel met onverschilligheid behandeld, maar hij werd gealarmeerd toen de paus werd uitgenodigd. De Rothschilds waren ontzet en boos toen Napoleon in 1810 scheidde van Josephine en trouwde met aartshertogin Marie-Louise. De Rothschilds zagen in dat er steeds minder gelegenheden zouden zijn om koninkrijken te vernietigen en de katholieke kerk te verpletteren.

In 1810 was de teerling geworpen tegen Napoleon en James Rothschild zette zich in om hun voormalige held te ruïneren.

Het volledige verhaal van Napoleons geleidelijke desillusie, zijn ontwaken om te ontdekken dat hij niet vocht voor Frankrijk, maar voor een buitenlandse macht om zijn greep op de natie te versterken als noodzakelijk gevolg van de revolutie, de rol van de Illuminati en de Vrijmetselaars in zijn ongelooflijke opkomst, maakte hem steeds bozer.

Zijn besef was langzaam en pijnlijk, maar toen zijn geest eenmaal openstond voor de waarheid, begon Napoleon in opstand te komen tegen zijn controleurs. In zijn *Geschiedenis van Napoleon* stelt G. Bussey dat Napoleon veranderde, zijn woeste verlangen naar oorlog verloor en verklaarde:

> "Godzijdank heb ik vrede met de wereld.

De Rothschilds hadden hun oude instrument niet meer nodig. Ze financierden en richtten een front op, genaamd de "Liga tegen Napoleon". De mentoren die Napoleon begon te verwaarlozen, keerden zich nu tegen hem. Karl Rothschild was er snel bij om de betrekkingen tussen de paus en Napoleon te vergiftigen, die buiten medeweten van Napoleon de Heilige Vader liet arresteren door generaal Radet. De paus reageerde door de keizer te excommuniceren.

Napoleon had geprobeerd de gunst van de paus te winnen. Hij voelde de grond onder zijn voeten toen de ene gebeurtenis na de andere zich tegen hem keerde. Een moordaanslag door de Illuminati-agent Stapps wordt verijdeld door de waakzaamheid van generaal Rapp.

De Russische campagne werd geplaagd door bevoorradingsproblemen en gebrek aan voedsel. Napoleon besefte niet dat dit opzettelijke sabotage van zijn leger was. Hij werd gedwongen een terugtocht uit Moskou te bevelen, waarbij duizenden soldaten die stierven aan hun wonden en de kou genadeloos werden afgeslacht door agenten van Rothschild die hen op de hielen zaten.

Het verlies van christelijke levens was verschrikkelijk. De mislukking van de Pauselijke verovering was een grote zorg voor Napoleon, wiens vertrouwen tanende was. Hij merkte op:

> De Paus had veroverd kunnen worden als een verder middel om de gefedereerde delen van het Rijk te binden. Ik had zowel mijn religieuze als mijn wetgevende zittingen moeten hebben. Mijn raden zouden de vertegenwoordigers van het Christendom zijn geweest, en de opvolger van St. Peter zou hun voorzitter zijn geweest.

Te laat, want Karl Rothschild had er al voor gezorgd dat zo'n plan niet zou slagen. Geen historicus kan zeggen waarom Napoleon Rusland aanviel in 1812. Theorieën in overvloed, maar geen enkele is gegrond. erAlexander I had het volgende te zeggen:

> "Napoleon voerde oorlog tegen mij op de meest verfoeilijke manier en bedroog mij op de meest perfide manier."

Van zijn kant vertrouwde Napoleon generaal Gourgaud toe:

> Ik wilde geen oorlog met Rusland. Bassano en Champagny [ministers van Buitenlandse Zaken] overtuigden me ervan dat het Russische briefje een oorlogsverklaring was. Ik dacht echt dat Rusland oorlog wilde. Wat waren de echte motieven achter de campagne in Rusland? Ik weet het niet. Misschien wist de Keizer zelf niet meer dan ik.

De Rothschilds ruïneerden Napoleon in de Slag bij Waterloo. Hij werd verraden door maarschalk Soult, een man waarmee hij bevriend was, maar die door de Rothschilds werd betaald. Napoleon had Soult de hertog van Dalmatië gemaakt met een salaris van enkele miljoenen francs en hem benoemd tot maréchal des logis. Bij Waterloo slaagde Soult er niet in Genappe te veroveren en te behouden, een belangrijk dorp om de flank van Napoleons leger te verankeren.

Erger nog, maarschalk Grouchy, die versterkingen moest brengen, arriveerde 24 uur te laat, hoewel hij de kanonnen had gehoord en wist dat de strijd was begonnen. Over Soult klaagde Napoleon bitter:

> Soult, mijn tweede man bij Waterloo, heeft me niet zo goed geholpen als hij had kunnen doen... Zijn staf was, ondanks mijn

bevelen, niet georganiseerd. Soult was zeer gemakkelijk te ontmoedigen... Soult was waardeloos. Waarom handhaafde hij de orde niet in Genappe tijdens de slag?

Erger nog, op de ochtend van de slag stopte een vijand van de persoonlijke staf van de Corsicaan een stof in zijn ontbijt die hem een vreselijke hoofdpijn bezorgde. Zo groot is de macht van de Rothschilds en de vervalsing van de geschiedenis; als er geen verraad en verraad tegen hem was gepleegd, zou Napoleon Blücher en Wellington hebben verslagen. Soult diende zijn meesters goed; zij gaven hem enkele van de hoogste ambten in Frankrijk. Het feit dat hij de vader was van Bismarck is vaak gesuggereerd, maar nooit bewezen. Ooit was de moeder van Bismarck de minnares van Soult, wat Bismarck zelf bevestigde:

> Het waren niet mijn talenten of capaciteiten die me groot maakten, maar het feit dat mijn moeder de maîtresse van Soult was [een van de 300] die me allemaal hielpen.

Bismarck werd "vervaardigd" door de Rothschilds via de familie Menken. Zijn vader, William, was getrouwd met een Louise Menken, die volgens graaf Cherep-Spiridovich joods was. Maarschalk Soult, die Napoleon verraadde bij Waterloo, was lid van het Comité van 300, dat tot zijn dood het hoogste ambt in Frankrijk bekleedde.

Soult was vaak aanwezig in het buitenverblijf van Willem Bismarck en werd algemeen beschouwd als de vader van de jonge Bismarck. Het was deze "greep" op Bismarcks moeder die de jonge Bismarck onder controle van James Rothschild hield. In 1833 raakte Bismarck in zwaar weer en dreigde zijn bezit te verliezen. Via Disraeli raakte James Rothschild bevriend met de jonge Bismarck en probeerde hem te veranderen in een toekomstige "conservatieve" heerser van Europa. Oscar Arnim, lid van de Rijksdag, trouwde met Bismarcks zuster Malian.

Na het huwelijk stond Bismarck volledig onder leiding van Lionel Rothschild. Dat Bismarck zich hiervan bewust was, blijkt uit een verklaring van Walter Rathenau uit 1871:

> Tegen degenen die Bismarck bleven behandelen als een groot politiek genie, een man van het lot, net als Napoleon getekend

met het zegel van een tragische voorbestemming, herhaalde Bismarck dat hij niet geloofde in grote voorzienige mannen; dat naar zijn overtuiging politieke beroemdheden hun reputatie te danken hadden, zo niet aan het toeval, dan toch aan omstandigheden die zij zelf niet hadden kunnen voorzien.

HOOFDSTUK 8

Bismarck onthult de "hoge financiële sferen die Europa beheersen"

Bismarck wist zeker dat de Amerikaanse burgeroorlog werd aangewakkerd door wat hij noemde "de grote financiële machten van Europa". Dit wordt bevestigd door het opmerkelijke verslag van Conrad Siem, gepubliceerd in *La Vieille France*, N 216, in maart 1921.

Volgens Siem sprak Bismarck in 1876 met hem over de Burgeroorlog:

> De verdeling van de Verenigde Staten in twee federaties werd lang voor de Burgeroorlog besloten door de grote financiële machten van Europa. Deze bankiers waren bang dat als de Verenigde Staten één blok en één natie zouden blijven, zij economisch en financieel onafhankelijk zouden worden, wat hun overheersing van de wereld zou verstoren. De stem van de Rothschilds overheerst.
>
> Zij zagen een enorme buit als zij de krachtige, zelfverzekerde en autonome Republiek zouden vervangen door twee zwakke democratieën die zich aan hen hadden gebonden.
>
> Lincoln vermoedde deze ondergrondse machinaties nooit. Hij was anti-slavernij, en hij werd als zodanig gekozen. Maar zijn karakter verhinderde dat hij een één-partij man was. Toen hij de leiding had, besefte hij dat die sinistere financiers van Europa, de Rothschilds, hem tot uitvoerder van hun plannen wilden maken. Zij maakten de breuk tussen Noord en Zuid dreigend! De meesters van de financiën in Europa hebben deze breuk definitief gemaakt om hem volledig uit te buiten...
>
> Lincoln's persoonlijkheid verraste hen. Ze dachten dat ze de

houthakkerskandidaat gemakkelijk voor de gek konden houden. Zijn kandidatuur baarde hen geen zorgen. Maar Lincoln doorzag hun complotten en begreep snel dat het Zuiden niet de grootste vijand was, maar de financiers. Hij vertrouwde zijn bezorgdheid niet; hij hield de bewegingen van de verborgen hand in de gaten. Hij wilde niet publiekelijk onthullen wat de onwetende massa's zou kunnen verontrusten.

Hij besloot af te rekenen met de internationale bankiers door een systeem van leningen op te zetten, waardoor staten rechtstreeks van het volk konden lenen zonder tussenpersonen.

Hij studeerde geen financiën, maar zijn robuuste gezond verstand vertelde hem dat de bron van alle rijkdom ligt in het werk en de economie van de natie. Hij verzette zich tegen de uitgifte van bankbiljetten door internationale financiers. Hij verkreeg van het Congres het recht om van het volk te lenen door de verkoop van staatsobligaties.

De lokale banken hielpen maar al te graag mee aan zo'n systeem, en de regering en het volk ontsnapten aan de complotten van de buitenlandse financiers. Ze begrepen meteen dat de Verenigde Staten aan hun greep zouden ontsnappen. De dood van Lincoln was opgelost. Niets is gemakkelijker dan een fanaticus te vinden die vastbesloten is om toe te slaan. Lincolns dood is een ramp voor het christendom.

Er was geen man in de Verenigde Staten groot genoeg om zijn laarzen te dragen. De internationale financiers zijn weer in de aanval op de rijkdom van de wereld. Ik vrees dat zij met hun banken, hun sluwheid en hun slinkse trucs - de uitbundige rijkdom van Amerika volledig in handen hebben en gebruiken om de moderne beschaving systematisch te corrumperen. Ik vrees dat zij niet zullen aarzelen om het hele christendom in oorlog en chaos te storten, zodat de aarde hun erfdeel wordt.

(Ik wil er nogmaals op wijzen dat de voorbereiding van dit boek tien maanden intensief onderzoek naar dit specifieke onderwerp vergde in het British Museum. De boeken waarvan de bronnen worden geciteerd, zoals *Talks With Napoleon at St. Helena* en *Propaganda in the Next War* en de werken van John Reeves - en vele andere die worden genoemd, zijn wellicht niet meer verkrijgbaar).

Rusland wekte een bijzondere haat op bij de Rothschilds, die zich afzetten tegen de familie Romanov. De dochter van Tiesenhaus, een eminent Duits historicus, schreef dat zij het wantrouwen van haar vader jegens de tsaar deelde:

> ... Maar na hem ontmoet te hebben, was zij, zoals vele anderen, onder de indruk van Alexanders openhartigheid, energie en nobel karakter. Deze indruk veranderde in een trouwe en toegewijde vriendschap (Keizer Alexander - Mme de Choiseul-Guffress).

Volgens graaf Cherep-Spiridovich probeerde Nathan Rothschild een revolutie in Rusland te ontketenen, maar dat mislukte, en Lionel bekende aan Disraeli dat die in Duitsland werd voorbereid:

> "James Rothschild III's top agenten werden gemobiliseerd tegen Tsaar Nicholas I om een oorlog op de Krim uit te lokken, maar ze faalden om te winnen, dus vergiftigden ze Nicholas I in 1855." (British Museum Papers, Verborgen Hand, pagina 119)

Disraeli speelde een belangrijke rol in deze gedenkwaardige gebeurtenissen, hetzij als "biechtvader", hetzij als adviseur van de Rothschilds. erHet verhaal van hoe de Rothschilds Marie Louise in hun macht kregen, wordt verteld door mevrouw Edith E. Cuthell in haar boek, *An Imperial Victim*: In december 1827 kreeg Marie Louise, de weduwe van Napoleon I, een lening van tien miljoen frank van de Rothschilds.

Op 22 februari 1829 verloor zij haar man, graaf Neipperg, een feit dat voor alle historici een raadsel blijft.

Prins Metternich, die slechts een "bediende" van Salomon Rothschild uit Wenen was geweest, vertelde Bombelles, een andere Rothschild protégé, dat hij een man wilde die het zwakke karakter van Marie Louise kon begeleiden. Bombelles werd Marie Louise's vertrouweling en vervolgens haar vrouw.

De Rothschilds hadden nu volledige controle over Napoleons weduwe via Bombelles, die haar hart had gewonnen toen ze nog gravin Niepperg was.

Volgens de schrijver Edmond Rostand was Bombelles

buitengewoon knap. Mevrouw E.E. Cuthwell beschreef Bombelles als volgt:

> Hij heeft nog meer ambitie. Met zijn zachte stem fluisterde hij in de oren van de vrouwen. Bombelles wilde trouwen met een juffrouw Cavanaugh, die geld had. Hij bereikte zijn doel. Zijn vrouw stierf en liet hem haar hart na in een loden kist. Hij begroef het. Een jaar later had hij een wanhopige passie voor een andere rijke erfgename, die hem afwees. (*An Imperial Victim*, pagina 321)

Na Marie's dood werd Louise Bombelles aangesteld als controleur van de Oostenrijkse keizer.

> Geruchten dat zij door vergiftiging was gestorven deden de ronde in Parma en bleven dat doen (blz. 373).

Graaf Cherep-Spiridovich vertelt wat er volgde:

> Bombelles, gesteund door Salomon en zijn bediende, Metternich, werd benoemd tot "opvoeder" van de toekomstige keizer van Oostenrijk, Franz Josef. Bombelles was verantwoordelijk voor de meest verschrikkelijke ontrouw, laagheid en wreedheid van Oostenrijk, die de wereld begon te verbazen vanaf 1848, toen Franz Josef, net achttien jaar oud, de jure keizer werd, en Bombelles de "macht achter de troon" was die de orders van Rothschild ontving en uitvoerde. erHun eerste daad was het verraden van hun woord aan Nicolaas I, die als "conditio sine qua non" stelde dat de Hongaarse generaal Sheezeny en zijn troepen clementie zouden krijgen. Franz Joseph wurgde hen, zodra de Russische troepen Oostenrijk hadden verlaten. (*De verborgen hand*, pagina 123)

De Rothschilds waren niet alleen geldschieters, maar ook speculanten. Hun grootste interessegebied was de aanleg van de spoorwegen in Europa en Rusland, die zij in beslag namen en behielden. In een verslag van deze inspanning, opgenomen in de documenten van het British Museum, dwong James Rothschild Frankrijk in te stemmen met de financiering van zijn Northern Railway:

> De regering nam het op zich om 100 miljoen frank uit te geven voor de bouw van het platform. James ging akkoord met 60 miljoen door wagens en dergelijke te leveren.

Gedurende 40 jaar ontving hij 17 miljoen per jaar aan inkomsten, d.w.z. 620 miljoen aan rente plus de hoofdsom van 60 miljoen. Bij deze onderneming gebruikten de Rothschilds 60 miljoen van het geld van hun inleggers waarvoor zij 4% rente betaalden, d.w.z. 2.400.000 per jaar, zodat zij 14.600.000 francs per jaar ontvingen voor hun handtekening. Om de natie te misleiden, beweerde *het Journal des Débats* in juli 1843 dat Rothschild geruïneerd was. De Franse pers speelde al vijftig jaar voor het Panamaschandaal de rol van agent-provocateur. De Rothschilds begeerden tot elke prijs de rijke prooi van de spoorwegen. De Franse regering maakte een tijdlang een periode van eerlijkheid door en had de euvele moed om hun roof te beteugelen.

In 1838 stelde de heer Martin van de Northern Railway aan het Parlement een door de staat aan te leggen netwerk van spoorwegen voor. Als het plan van de heer Martin, gebaseerd op de twee pijlers bank- en vervoersmonopolie, door het Parlement was goedgekeurd, zou het financiële feodalisme van meet af aan om zeep zijn geholpen. Maar de Rothschilds vonden, via de pers die zij controleerden, een manier om de spoorwegen te verwerven. In 1840 werden de Westelijke en Zuidelijke lijnen overgedragen aan de Rothschilds en de Foulds.

(De Foulds waren internationale bankiers die strategisch in Frankrijk waren gevestigd om de orders van de Rothschilds uit te voeren). Tegen 1845 waren alle grote lijnen in handen van deze twee bedrijven. Een van de meest scherpzinnige journalisten over de Rothschilds was John Reeves, die het boek *The Rothschilds - The Financial Rulers of Nations* schreef. De volgende commentaren uit het boek laten zien hoe scherpzinnig Reeves het mysterie rond de Rothschilds doorbrak. Zijn observaties over Nathan Rothschild zijn misschien wel ongeëvenaard:

> Het bedrag van het fortuin dat hij naliet is altijd geheim gebleven. Het bedrijf moest worden geleid door de vier zonen in samenwerking met hun ooms in het buitenland. Aan elk van zijn dochters liet hij 500.000 dollar na, die in beslag zou worden genomen als zij trouwden zonder toestemming van hun moeder en broers.
>
> Er waren geen legaten aan zijn werknemers of liefdadigheidslegaten.... de eerste keer dat Nathan de Engelse regering hielp was in 1819 toen hij de lening van 60 miljoen

dollar afsloot. Tussen 1818 en 1832 gaf Nathan acht leningen uit voor in totaal $105.400.000.

Met Spanje, of de Zuid-Amerikaanse staten die ooit de Spaanse vlag hadden erkend, zou het nooit iets te maken hebben. Sommige historici verklaren dat dit kwam door de Spaanse inquisitie. Een van de oorzaken van zijn succes was de kronkelige politiek waarmee hij degenen die hem observeerden misleidde.

In 1831 kreeg Nathan Mayer de controle over de kwikmijnen in Idria, Oostenrijk, en tegelijkertijd over de soortgelijke mijnen in Almadena, Spanje. Al het kwik dat nodig was voor medicinale doeleinden was in zijn handen, en hij verdubbelde en verdrievoudigde de prijs. Dit had verschrikkelijke gevolgen voor de zieken en lijdenden van alle naties...

Een andere nauwkeurige verslaggever over de Rothschilds is de heer Martin, wiens boek *Stories of Banks and Bankers* enkele interessante feiten geeft. Nathan betaalde zijn werknemers nooit een cent meer dan nodig was voor hun levensonderhoud, of tenminste geen cent meer dan zij hem dwongen te betalen.

Over Lionel Rothschild schreef Reeves het volgende in zijn boek, blz. 205-207:

> Lionel concentreerde zijn gedachten uitsluitend op het consolideren van zijn immense fortuin. Zijn ondernemingen werden gekenmerkt door grote voorzichtigheid. Lionel was bijzonder actief in de onderhandelingen over buitenlandse leningen, omdat hij deze lucratieve en relatief risicoloze activiteit verkoos boven alle andere. Tijdens zijn leven was zijn bedrijf betrokken bij de uitgifte van niet minder dan achttien staatsobligaties, voor een totaalbedrag van zevenhonderd miljoen dollar. Op de details van deze transacties ingaan zou betekenen dat we de financiële geschiedenis van Europa zouden moeten reconstrueren.

Om te begrijpen hoe de Rothschilds floreerden, vooral in hun specifieke vakgebied - geld lenen aan regeringen in Europa en de rest van de wereld - heb ik gekeken naar het werk van John Reeves, wiens boek we vaak hebben geciteerd en waarnaar we in het vervolg van dit boek zullen blijven verwijzen, en naar de bronnen in de documenten van het British Museum.

HOOFDSTUK 9

Een veel verwaarloosd aspect van de negerslavernij in Amerika...

Voordat ik inga op het succes van de Rothschilds bij het lenen van geld in Amerika, zal ik de kwestie van de slavernij aansnijden die de laatste jaren is ontstaan. Sommigen zeggen dat zwarte afstammelingen moeten worden gecompenseerd voor de ontberingen van hun voorouders.

Dit is een belangrijke kwestie, aangezien de Rothschilds de slavernij als voorwendsel gebruikten om de Amerikaanse Burgeroorlog aan te wakkeren. Het idee zou afkomstig zijn van Benjamin Disraeli, Lionel en James, die aan tafel zaten na het huwelijk van Lionels dochter, waarvoor alle Rothschilds in Londen bijeen waren gekomen. Volgens Graaf Cherep-Spiridovich:

> ... De Rothschilds hebben de Amerikaanse Burgeroorlog gepland en opzettelijk uitgelokt.

Hoewel er al sinds 1812 een conflict was tussen het Zuiden en het Noorden, zou de oorlog nooit hebben plaatsgevonden zonder de verborgen hand van de Rothschilds.

Door het manipuleren en aanwakkeren van passies werd het conflict een motief voor oorlog, ook al begon het Zuiden te beseffen dat slavernij economisch niet voordelig was.

Slavernij had nooit toegestaan mogen worden in de Verenigde Staten, maar helaas was dat wel zo. Er zijn verschillende soorten slavernij. In Europa werden de armen tot slaaf gemaakt tot bittere armoede en verloedering. In Engeland en Ierland was het ongeveer hetzelfde verhaal. De armen leefden in vreselijke omstandigheden. Hun zonen werden opgeroepen om te dienen in het leger en miljoenen verloren hun leven.

Britse generaals, met name Lord Douglas Haig, waren berucht om hun gebrek aan zorg voor de zware verliezen die ze leden. In Ierland stierven miljoenen mensen van de honger. Hoewel slavernij universeel veroordeeld had moeten worden, werd het in Amerika getolereerd, maar naar verhouding leed de armere klasse van Europa, Ierland en Engeland evenveel als de slaven in Amerika.

Af en toe vroeg men zich af of de slaven van Amerika bereid zouden zijn hun toestand te veranderen met die van de slaven van Ierland en Engeland. Maar de verborgen hand van de Quakers en de "abolitionisten" bleef de trommel van laster tegen het Zuiden slaan, totdat de demonen, die de hele slavernijkwestie hadden uitgevonden om haar op te blazen, hun zin kregen.

Zwarte slaven in Amerika werden over het algemeen niet onderworpen aan zulke verschrikkelijke omstandigheden. Dus als we kijken naar de soms overdreven beschrijvingen van de slavernij in Amerika, zoals die door abolitionisten en Quakers zijn geschreven, gepredikt en uiteengezet, moeten we, als we onpartijdig zijn, toegeven dat naar verhouding de zwarte Amerikaanse slaven veel beter werden behandeld dan de armen in Europa en Groot-Brittannië:

> [e]Aan het begin van de negentiende eeuw had Groot-Brittannië, door verkeerde regeringsbeginselen en de onwetende en blinde cultuur van handel en industrie, het uiterlijk van een staat die tot de meest tegengestelde en tegenstrijdige uitersten werd gedreven.
>
> Engeland, dat de meest vrije grondwet van Europa had, verborg de grootste tirannie; het bezat onbeperkte rijkdom en liet de arme boerenstand van Ierland verhongeren, terwijl de ontberingen en het leed onder de arbeidersklasse zo groot en onbeschrijfelijk waren dat het dreigde te eindigen in oproer en rebellie.
>
> De ontberingen van de armere klassen werden nog verergerd door de schandelijke staat van ons politieke systeem. De moraal

was laag, corruptie en intriges waren aan de orde van de dag. Ieders gedachten waren gericht op de totale vergetelheid van het lijden van anderen.

Corruptie was zo wijdverbreid dat de onafhankelijkheid van zowel de Kroon als de kiesdistricten werd bedreigd. (Sir William Molesworth)

In 1797 kwamen de Engelse banken in grote verlegenheid, vooral door de eisen van de regering, die elk jaar miljoenen leende voor de oorlog en om met subsidies de helft van de continentale mogendheden te steunen. (John Reeves, *De Rothschilds*, pagina 162)

Het lijkt erop dat zelfs de Rothschilds hun geluk niet konden geloven. Het personage "Sidonia", gecreëerd door Disraeli in zijn roman *Coningsby* en in feite gebaseerd op Nathan Rothschild zei:

Kan iets absurder zijn dan dat een natie naar een individu kijkt om haar krediet en daarmee haar bestaan als rijk in stand te houden? (Blz. 248)

Deze zin beschrijft zeer nauwkeurig de Rothschild bankiers en hun greep op de Britse regering via grote leningen.

Geen wonder dat president Garfield ooit zei: Hij die het geld controleert, controleert deze natie. De nakomelingen van de Rothschilds hebben deze traditie voortgezet. Lionel Rothschild financierde bijvoorbeeld het Suez Kanaal project van de Britse regering. Het is meer dan waarschijnlijk dat zonder Lionel's financiële steun, het Suezkanaal niet gegraven zou zijn.

Het was Lionel Rothschild die de 20 miljoen dollar betaalde die de Britse regering betaalde voor het van de Khedive gekochte land. Maar zoals bij al hun ondernemingen eiste en kreeg Lionel een hoge opbrengst, 500.000 pond voor een paar goedkeuringen die slechts een paar uur van zijn tijd vergden.

Veel eerder vond Mayer Amschel het voordelig voor de Rothschilds om zijn zoon Nathan naar Engeland te sturen, waar hij zich vestigde in Manchester. Volgens Sir Thomas Buxton is de reden waarom Amschel ervoor koos Nathan naar Manchester te sturen al gedeeltelijk in dit boek uitgelegd.

Veel Engelse fabrikanten stuurden in 1789 een man naar Frankfurt om hun goederen aan te bieden. De truc van de Rothschilds was om hem lang vast te houden en hem dan de grootste order voor Duitsland te geven.

Ondertussen werd Nathan naar Manchester gestuurd, waar hij alle beschikbare katoen en kleurstoffen opkocht. Wanneer de vertegenwoordiger naar Manchester terugkeerde met bestellingen, moesten de fabrikanten voor deze materialen naar Nathan gaan en hij rekende hen het drievoudige van de prijs aan en weigerde zelfs de goederen te verkopen, waardoor ze zijn vader een enorme "schadevergoeding" moesten betalen. Vervolgens bracht hij het katoen en de kleurstoffen naar fabrikanten die ze voor hem maakten tegen de laagste prijs. Deze basistruc ruïneerde veel mensen in Manchester.

Deze plundering maakte heel Manchester woedend. Geschrokken vluchtte Nathan naar Londen, waar de London Stock Exchange een groter gebied bood voor zijn uitbuitingstalent. In latere jaren kon geen van de leden van de beurs zich erop beroemen, zoals Nathan, dat hij zijn kapitaal in vijf jaar tijd met 2.500 had vermenigvuldigd. (John Reeves, *The Rothschilds*, blz. 167)

Een andere reden waarom Nathan plotseling naar Londen ging, wordt gegeven in de documenten die in het British Museum worden genoemd:

> De reden is ook dat Willem IX van Hessen-Cassel (1785-1821) door Amschel werd overgehaald om zijn zaken in Londen over te dragen van de bank van van Notten naar de handen van Nathan. Natuurlijk vergezelde 'per ongeluk' een hele bende Illuminati uit Frankfurt Nathan naar Londen om te proberen hetzelfde te doen, maar de Britten waren te slim om zich voor de gek te laten houden.

> Toen Frankrijk Duitsland binnenviel, gaf Willem IX [nu de keurvorst] Amschel 3.000.000 dollar, die hij naar Nathan in Londen stuurde om te voorkomen dat ze in handen van Napoleon zouden vallen. Op dat moment had de Indische Compagnie 4 miljoen dollar aan goud. Nathan kocht het en verhoogde de prijs. Hij kreeg het goud in Londen in handen.

²Deze regeling is blijven bestaan en zelfs vandaag de dag stelt N.M. Rothschild elke ochtend de goudprijs vast, en de Rothschild "vaststelling" wordt geaccepteerd als de "officiële" goudprijs wereldwijd.

Hij [Nathan] wist dat de Hertog van Wellington ze nodig had. Nathan kocht ook de biljetten van de hertog tegen een aanzienlijke korting. De regering vroeg Nathan om hen zijn goud te lenen en hij maakte het over naar Portugal. Nathan leende zijn goud uit en kreeg het terug, maar hij eiste terugbetaling van de biljetten van de hertog tegen hun volledige waarde. Dit leverde hem 50% op. Daarna leende hij zijn goud opnieuw uit tegen 15% en kreeg het terug en vervoerde het naar Portugal tegen een enorme commissie.

De hertog had dit goud nodig om de uitrusters van zijn leger te betalen, die allemaal Portugese, Spaanse en Nederlandse Joden waren. Wellington ontving dus geen enkel pond goud, alleen orders aan Nathan's agenten in Portugal, die door Rothschild in Frankfurt werden betaald. Deze operatie leverde 100% op voor Nathan. De Rothschilds maakten dus een kolossale winst op het geld van de landgraaf en hielden het allemaal voor zichzelf (Maria O'Grady en John Reeves).

Zoals ik al eerder zei, werden de afstammelingen van Mayer Amschel de machtigste mannen ter wereld. ᵉʳHet voorbeeld, misschien meer dan enig ander, dat de waarheid van deze observatie aangeeft, is het verhaal van hoe James Rothschild Nicolaas I van Rusland versloeg. Hij wendde zich tot de Russische revolutionair, Hertzen:

De beroemde schrijver Alexander Hertzen, een van de pioniers (aanstichters) van de Russische revolutionaire beweging, werd gedwongen het land te verlaten. (In feite werd hij slechts enkele uren voor de politie gedwongen Rusland te ontvluchten). Hij kwam aan in Londen, waar hij een Russische krant begon met de naam *The Bell*. Hertzen was echter een rijk man die, voordat

---

² De Rothschilds trokken zich terug uit de dagelijkse vaststelling in 2004.

hij in ballingschap ging, zijn vermogen had omgezet in staatsobligaties. ᵉʳDe Russische regering kende de nummers van Hertzen's obligaties, en toen ze ter betaling werden aangeboden bij de aankomst van de balling in Londen, beval Nicolaas I, in de hoop zijn vijand te verpletteren, de overheidsbank in Sint-Petersburg de betaling te weigeren.

De Bank gehoorzaamde natuurlijk. Maar gelukkig voor Hertzen vond hij in de oudere Rothschild een belangrijke medestander. Deze liet de tsaar weten dat, aangezien Hertzen's obligaties even goed waren als alle andere Russische obligaties, hij met tegenzin moest concluderen dat de Russische regering insolvabel was.

Als de obligaties niet onmiddellijk werden betaald, zou hij de tsaar failliet verklaren op alle Europese geldmarkten. Nicholas was verslagen. Hij stak zijn trots in zijn zak en betaalde de obligaties. ᵉʳHertzen zelf vertelt het verhaal in *The Bell* onder de titel "Koning Rothschild en Keizer Nicolaas I". (*The Fortnightly Review*, door Dr A.S. Rappaport, pagina 655)

Deze verhalen laten zien hoe de legende dat Amschel Rothschild zijn geld verdiende als pandjesbaas, afbrokkelt in het licht van de werkelijkheid, maar de mythe blijft bestaan dat de pandjeshandel de bron was van Rothschilds rijkdom. Nu kan worden betoogd dat deze bewering weinig of geen inhoud heeft.

Door naar Lionel te verwijzen onder de fictieve naam "Sidonia", gaf Disraeli veel aanwijzingen over de ware persoonlijkheid van zijn meester:

"Het was onmogelijk om tot hem door te dringen. Zijn openhartigheid bleef strikt beperkt tot de oppervlakte. Hij observeerde alles, zij het te voorzichtig, maar vermeed ernstige discussies. Hij was een man zonder genegenheid."

Volgens John Reeves:

... De gebroeders Rothschild, zich ten volle bewust van zijn superieure intellectuele capaciteiten, erkenden Nathan Mayer graag als de meest geschikte persoon om al hun belangrijke transacties te leiden. (*De Rothschilds*, pagina 64)

Onder de vele interessante feiten die ik in het British Museum in Londen heb ontdekt, is een van de interessantste het verhaal van de oprichters van wat een van de grootste propagandamachines zou worden die de wereld ooit heeft gekend. Ik heb het over het Tavistock Institute for Human Relations, dat de belangrijkste denktank werd voor de hersenspoeling van de Britse heersende elite. Het Tavistock Instituut is uitgegroeid tot een enorme organisatie, die nu de Verenigde Staten en Groot-Brittannië domineert. Deze enorme organisatie begon in 1914 in Wellington House, Londen, bij het uitbreken van de Eerste Wereldoorlog.

Het organiseren van een propagandamachine die het onwillige Britse volk ervan zou overtuigen dat oorlog met Duitsland noodzakelijk was voor het overleven van de Britse manier van leven, was geen gemakkelijke taak, aangezien in die tijd de meerderheid van het volk geen oorlog met Duitsland wilde en er sterk tegen gekant was. Lord Northcliffe en Lord Rothmere kregen de leiding over de propaganda. In feite waren beide mannen door huwelijk rechtstreeks verbonden met de Rothschilds.

Een van de drie dochters van Nathan Rothschild II was Charlotte, geboren in 1807, die trouwde met haar neef Anselm Salomon, zoon van Salomon, het tweede kind van Amschel en Caroline Stern van de Frankfurter Sterns. De Sterns waren rechtstreeks verwant aan de Harmsworths van Engeland, van wie de ene Lord Northcliffe werd en de andere Lord Rothmere.

Lees voor meer details over het Tavistock Institute: *The Tavistock Institute of Human Relations*.

Jacob (James) Rothschild was ongetwijfeld de belangrijkste man in Frankrijk, die vele Franse politici en leiders een voet tussen de deur heeft gegeven. Hij had een lange weg afgelegd van de jongen van dertien die nauwelijks naar school ging en in plaats daarvan zijn vader Mayer Amschel vergezelde op de vele reizen die hij door Duitsland maakte.

Daar wordt hij blootgesteld aan de beperkingen die gelden voor Joden die over de grenzen van de vorstendommen reizen, waarbij hij telkens een Liebzoll, een hoofdbelasting, moet betalen. James had altijd al Frankfurt willen verlaten en zijn broer Nathan volgen naar Londen, maar in plaats daarvan stuurde Amschel hem naar Parijs. Hij verliet Frankfurt voor Parijs in maart 1811. Zijn aankomst in Parijs bleef niet onopgemerkt door minister van Financiën Mollien, die hem rapporteerde aan Napoleon:

> Een man uit Frankfurt die nu in Parijs is en zich Rotschild (sic) noemt, houdt zich voornamelijk bezig met het brengen van guineas van de Engelse kust naar Duinkerken.

François-Nicholas Comte Mollien was de belangrijkste adviseur van Napoleon en was minister van Financiën van 1806 tot 1814.

De komst van James moet een belangrijke gebeurtenis zijn geweest voor Napoleon, die niet kon weten welke belangrijke rol James Rothschild zou spelen in zijn ondergang. Natuurlijk hielden de Rothschilds zich niet alleen bezig met smokkel, hoewel deze activiteit wijdverbreid en zeer lucratief voor hen was. Toen de Britten Frankrijk blokkeerden, zag Mayer Amschel een zeldzame kans om een fortuin te verdienen, en dat deed hij, in goud.

> Op zijn tweeëntwintigste was James een onaantrekkelijke jongeman met een bijna serviele houding. Sommige van zijn tijdgenoten waren niet zo beminnelijk. Castellane, die met Mirabeau en Clément-Tonnerrre de hoge adel van Parijs vormde, vond James vreselijk lelijk, ook al was hij de Adonis van de Rothschilds. (*Baron James*, Anka Muhlstein, pagina 61)

Anderen waren nog harder:

> Een monsterlijk gezicht, het platste, het meest afgeplatte, het meest angstaanjagende van de batrachiën met bloeddoorlopen ogen, gezwollen oogleden en een kwijlende mond gespleten als een spaarvarken, een soort gouden satrap, dat is Rothschild (Goncourts, *Journal* Paris 1854 Vol. Ill, 7).

James zette koers naar Parijs in 1814 toen hij een verzoekschrift indiende bij de rechtbank van koophandel om de registratie van zijn bankiershuis te aanvaarden.

Voordien fungeerde hij slechts als vertegenwoordiger van het "hoofdkwartier" in Frankfurt. Dit veranderde niets aan de sterke band tussen hem, Londen en Frankfurt, maar formaliseerde deze en gaf hem een prominentere status in Parijs. Hij houdt zich nu bezig met belastinginning voor de Franse schatkist en met grootschalige geldleningen.

Toen het lot van de Koning veranderde, en tijdens de Restauratie (de 100 dagen van Napoleon), ongeacht wie er aan het roer stond, was iedereen schatplichtig aan James Rothschild.

Hij leek in staat om van kant te veranderen zonder een greintje gezicht of invloed te verliezen.

Napoleons ondergang bij Waterloo, georkestreerd door zijn broer Nathan uit Londen, resulteerde in een zeer winstgevende relatie met koning Lodewijk, wiens terugkeer naar de macht mogelijk werd gemaakt door de Rothschilds die het benodigde kapitaal leenden. De verzwakking van Napoleon en zijn regering was het werk van de Rothschilds, die nu profiteerden van de gulheid die de Restauratie met zich meebracht.

Napoleons nauwelijks verholen afkeer van de Joden droeg bij aan zijn ondergang. De Rothschilds leefden in angst voor Napoleon nadat hij weigerde christelijke koningen en naties aan te vallen. Nu de vrede was hersteld, werden bankleningen de grootste en beste kans om geld te verdienen, en de Rothschilds profiteerden er ten volle van.

HOOFDSTUK 10

Nathan Rothschild balanceert Franse schuld

De Franse regering moest haar oorlogsvergoedingen betalen en daarvoor moest zij geld lenen. Door Lodewijk XVIII het geld te lenen dat hij nodig had voor een triomfantelijke maar waardige terugkeer, verzekerde Nathan Rothschild James van een "plaats in de zon". De som geld zou 5 miljoen frank bedragen.

Trouw aan de leer van de oude Mayer Amschel, deed Nathan niets zonder iets. Zijn spelplan voor de lening was om de Koning te dwingen de deuren te openen, zodat Jacques de hogere echelons van de maatschappij, geleid door de Hertog van Richelieu, Eerste Minister van Parijs, kon betreden.

Aanvankelijk verzette Richelieu zich, maar hij had geen idee van Nathan's volharding. Er werd sterke druk op hem uitgeoefend door de markies van Osmond, de Franse ambassadeur in Londen, en graaf Esterhazy, de Oostenrijkse ambassadeur, die beiden veel schulden hadden bij Nathan. Uiteindelijk stemde de Richelieu ermee in James te ontvangen, hoewel hij zeer geïrriteerd was door deze ongepaste druk. Daar bleef het niet bij.

James stak vervolgens politiechef Decazes in zijn zak door hem te voorzien van "speciale informatie", die afkomstig was van de Duitse familie von Thurn en Taxis, die het postcontract in handen had. Zij openden gewoon de post die van belang was voor de Rothschilds en gaven de inhoud vervolgens door aan James in Parijs, Nathan in Londen of Mayer in Frankfurt. Het is interessant op te merken dat de familie von Turn en Taxis lid was van het Comité van 300. Het was een dubbel voordeel om de aldus verkregen informatie aan Decazes te geven in plaats van aan de Richelieu, naar wie ze had moeten gaan. Als tegenprestatie hield Decazes James op de hoogte van anti-joodse bewegingen of politieke intriges tegen zijn bank.

Naarmate zijn kring van belangrijke personen groeide, besloot Jacques dat hij een huis nodig had dat beter bij zijn status paste, een huis waar hij zich kon vermaken in de weelderige stijl die van hem werd verwacht. Hij vond dit huis in een voormalig herenhuis van Koningin Hortense, in de Rue La Fitte, dat ooit had toebehoord aan een Parijse bankier genaamd Laborde, die in 1794 het slachtoffer was geworden van de guillotine. Hortense, de dochter van keizerin Josephine, was koningin van Nederland geworden na haar huwelijk met Napoleons broer Louis.

Het kostte James een fortuin om het huis te laten verbouwen en opknappen; sommige schattingen schatten de rekening op meer dan drie miljoen frank. Toen het in 1834 klaar was, werd het het gesprek van de dag.

Heinrich Heine, de Duitse Joodse communistische filosoof, de Duc d'Orléans en Prins Leopold van Coburg waren frequente gasten op James' glinsterende soirées.

Toen prins Metternich en zijn gevolg, waaronder de briljante Pruis Friedrich von Gentz, die het vertrouwen van de grote man had, naar Parijs kwamen, gaf James een feest dat alles wat in Parijs te zien was sinds de terugkeer van de koning, evenaarde. Zelfs de machtige hertog van Wellington durfde een uitnodiging van James bij zijn bezoek aan Parijs niet te weigeren.

James betuttelde von Gentz en speelde in op zijn zwak voor vrouwen, heel veel vrouwen, en verschafte von Gentz het geld dat hij nodig had via "gemakkelijke voorwaarden", zoals men tegenwoordig zegt. Von Gentz kreeg alle vrouwen die hij aankon, en ook veel andere luxe die hij zich tot dan toe niet had kunnen veroorloven. Zo werd James de "eigenaar" van von Gentz.

> Het paleis van Jacobus werd een magneet voor allerlei politici, vooral de ruimdenkende communisten en socialisten . Een van

> hen, Ludwig Borne, is een groot voorstander van het idee dat alle koningen van Europa moeten worden onttroond en vervangen door James, behalve Louis Philippe die in Parijs zou worden gekroond, zodat de kroningsceremonie niet door de paus, maar door James Rothschild zou worden geleid (*Notre Dame de la Bourse*, 22 januari 1832).
>
> Zoals eerder vermeld was een van de personen die door James Rothschild werden gesponsord Heinrich Heine, de Duitse dichter die zijn vaderland had verlaten en zich in Parijs had gevestigd, of dat nu was om in de buurt van Rothschild te zijn of om politieke redenen, is niet zeker. Heine was een uitgesproken communist en stond meer dan waarschijnlijk op de lijst van subversieven van de Duitse politie, wat een van de redenen zou kunnen zijn waarom hij naar Parijs verhuisde. Rothschild hielp Heine op talloze manieren, niet in de laatste plaats financieel. Heine zag James als een revolutionair en prees hem omdat hij "een van de eersten was die de waarde van Crémieux inzag...". Herr von Rothschild was de enige persoon die Émile Pereire ontdekte, de Pontifex Maximus van de spoorwegen (Olivia Maria O'Grady)

Dit is niet helemaal waar, zoals ik ontdekte toen ik de winsthoek onderzocht die James ertoe bracht in de nieuwe mode te investeren. Pereira was een jonge Sefardische Jood die door James in dienst werd genomen om toezicht te houden op de dagelijkse bouwwerkzaamheden. Bij dit alles weken James en Nathan niet ver af van de kneepjes van het vak die hen door Mayer Amschel waren bijgebracht, namelijk om nooit uit het oog te verliezen dat geld alles is.

Eén bepaald contract, één van de vele die James en Nathan aangeboden kregen, was om als officiële agenten betalingen te doen aan Oostenrijkse troepen die in Colmar in de Elzas gelegerd waren. De Rothschilds wonnen het contract door alle concurrenten te onderbieden. Het bedrijf was riskant, omdat het transport van munten door door bandieten geteisterde gebieden ging, waarvoor een dure verzekering nodig was. In plaats van fysiek geld te vervoeren, regelde James dat Rothschild-kredieten in lokale banken werden geplaatst en dat de soldaten daarmee werden betaald. Nu het risico was geëlimineerd, konden James en Nathan aanzienlijke commissies opstrijken.

Dit werd de basis voor nieuwe zaken, waarbij de Rothschilds een monopolie hadden op de overdracht van fondsen over het continent en naar Londen.

Om de lezers een indruk te geven van de enorme macht die James uitoefende, vertel ik de volgende zaak, die een van zijn beroemdheden werd en liet zien hoe ver zijn machtige arm kon reiken. Een zekere priester, pater Thomas, en zijn bediende verdwenen in Damascus in april 1840. Moord werd vermoed en de verdachten, die toevallig Joden waren, werden gearresteerd, waarna zij de moord bekenden.

> De Joodse wereld protesteerde onmiddellijk en hevig dat de gearresteerde Joden onschuldig waren en dat hun bekentenissen door foltering waren verkregen. James en Solomon oefenden onmiddellijk hun gezamenlijke druk uit op de monarch en Solomon drong er bij prins Metternich van Oostenrijk op aan om op te treden.
>
> De Oostenrijkse consul, von Laurin, protesteerde bij Mohammed Ali en meldde de genomen maatregelen rechtstreeks aan James en Salomon. De Franse consul in Damascus, die ter plaatse was, nam echter een heel ander standpunt in ten aanzien van de moord en de beschuldigden; de politieke implicatie lag voor de hand en Louis Philippe durfde niet het risico te nemen van ongerechtvaardigde steun van de Joden tegen de christenen. De brief van Jacobus aan Salomo is van groot belang. Hij onthult duidelijk de methoden die de Rothschilds achter de schermen gebruikten om regeringen onder druk te zetten en de publieke opinie te beïnvloeden:
>
> Helaas hebben mijn inspanningen nog niet het gewenste resultaat opgeleverd. De regering handelt zeer traag in deze zaak; ondanks het prijzenswaardige optreden van de Oostenrijkse consul, omdat de zaak te ver weg is om er voldoende publieke belangstelling voor te wekken. Het enige wat ik tot nu toe heb kunnen doen is, zoals in de *Moniteur* van vandaag staat, de vice-consul in Alexandrië een onderzoek laten instellen naar het gedrag van de consul van Damascus.
>
> Dit is slechts een voorlopige maatregel, aangezien de vice-

consul onder het bevel van de consul staat en dus niet bevoegd is om de consul ter verantwoording te roepen voor zijn daden. In dergelijke omstandigheden blijft alleen de almachtige methode over om een beroep te doen op de kranten, en daarom hebben wij er vandaag voor gezorgd dat een gedetailleerd verslag op basis van de verslagen van de Oostenrijkse consul naar de *Débats* en andere kranten wordt gestuurd, en wij hebben er ook voor gezorgd dat dit in de Augsburgse *Algemene Zeifung* even gedetailleerd verschijnt.

Wij zouden zeker de brieven van Herr von Laurin aan mij over dit onderwerp hebben gepubliceerd, ware het niet dat wij van mening waren dat dit alleen kon worden gedaan met voorafgaande toestemming van Zijne Hoogheid Prins von Metternich.

Daarom verzoek ik u, mijn beste broeder, in de overtuiging dat u bereid bent alles te doen wat in uw vermogen ligt voor deze rechtvaardige zaak, de Prins in zijn goedheid te vragen toestemming te geven voor de publicatie van deze brieven. De genadige gevoelens van menselijkheid die de Prins heeft geuit met betrekking tot deze trieste episode laten ons hopen dat dit verzoek niet zal worden geweigerd.

Wanneer je de gewenste toestemming hebt ontvangen, smeek ik je, beste Salomon, om de brief niet onmiddellijk alleen in de *Osterreicher Beobachter te* publiceren, maar ook de goedheid te hebben ze onmiddellijk met een korte begeleidende brief naar de *Augsburger Zeitung te* sturen, zodat ze ook langs die weg het publiek kunnen bereiken. (*Het onvertelde verhaal*, Graaf Cherep-Spiridovich)

Sommige belangrijke staatslieden die de Rothschilds onder hun controle hadden, begonnen zich zorgen te maken over hun macht en invloed.

Een van hen was prins Metternich, die niettemin onder strenge controle stond van Salomon Rothschild en door hem als niet meer dan een "lijfknecht" van de Rothschild-familie werd beschouwd. Nu Metternich een groot deel van de Oostenrijkse soevereiniteit had weggeruild, begon hij ernstig te twijfelen:

> Door natuurlijke oorzaken die ik niet als goed of moreel kan beschouwen, oefent het Huis van Rothschild een veel grotere

invloed uit op Franse zaken dan het Ministerie van Buitenlandse Zaken van enig land, behalve misschien van Engeland. De grote drijvende kracht is hun geld. Mensen die hopen op filantropie en die alle kritiek moeten onderdrukken onder het gewicht van het goud, hebben daar veel van nodig. Het feit van corruptie wordt openlijk aangepakt, dat praktische element, in de volste zin van het woord, in het moderne representatieve systeem.

Metternich besefte te laat dat hij door Oostenrijk te verkopen de internationale revolutionairen in de kaart speelde, en toen het revolutionaire vuur begon te branden, moest prins Metternich, ondanks zijn hoge rang en positie, Wenen ontvluchten met geld geleend van Salomon Rothschild.

Historici betwijfelen of Metternich ooit enig idee had van de revolutionaire krachten die hij ongewild had helpen ontketenen. Volgens documenten in het British Museum kwam de wereldrevolutie in 1848 in een stroomversnelling, te beginnen in Sicilië in januari van dat jaar.

> De grote steden van Europa leken te worden opgeschud door golven van opwinding. Onrust verspreidde zich naar Napels. In Parijs werd de rode vlag op de barricaden ontplooid. Socialistische revolutionairen leidden arbeiders en studenten in een bloedige opstand op 22 februari 1848, en Guizot trad af (Olivia Maria O'Grady).

Er wordt gezegd dat James Rothschild koning Louis Phillipe overschatte en dacht dat hij sympathiek stond tegenover revolutionaire ideeën.

Volgens professor William Langer, Coolidge Professor of History aan Harvard University... hadden de Republikeinen en andere radicalen Louis Philippe aanvaard als een revolutionaire monarch en ontdekten ze hun vergissing te laat.

Dat is verrassend, want James Rothschild zou een zeer scherpzinnige mensenkenner zijn, die het politieke toneel kon lezen als een wegenkaart. We kunnen het niet met zekerheid zeggen, maar maarschalk Soult, een goede vriend van Nathan Rothschild, vormde een ministerie met de Duc de Broglie, Thiers en Guizot, de laatste twee mannen stonden aan een bijzonder conservatieve kant van de politiek, dus er kan een verband zijn geweest.

In 1830 ontstonden in Italië en Polen arbeiderseisen die door Marx en zijn Socialistische Internationale waren geïnspireerd, maar die door hun regeringen niet werden ingewilligd. Radicale agitatie en geweld gingen door in Frankrijk in 1831:

> In november 1831 werd een grootschalige arbeidersopstand in Lyon met moeite neergeslagen. Geheime genootschappen verspreidden zich snel. In het kader van de persvrijheid werd de koning genadeloos aangevallen en gekarikaturiseerd in radicale kranten, met name door Honoré Daumier. In 1834 waren er grote opstanden in Parijs en Lyon, die hardhandig werden neergeslagen. In 1845 probeerde de radicale Fieschi Louis Philippe te vermoorden, maar dit mislukte. Vervolgens stelde de koning in 1836 een regering in onder leiding van zijn persoonlijke vriend, kolonel Louis Mole, met de centrumrechtse leider Guizot; maar Guizot sloot zich aan bij de centrumlinkse partij en wierp Mole omver. (*De onvertelde geschiedenis*, John Reeves)

Om verder te gaan met *The Untold History:*

> Revolutionaire activiteiten vóór 1848 hadden mannen als Karl Marx, Frederick Engels en Louis Napoleon Bonaparte naar het vasteland verbannen. Engeland was hun toevluchtsoord. In 1848 keerden zij terug naar het continent om deel te nemen aan de revoluties. Op 24 februari 1848 leken het Handvest, de Grondwet en het parlementaire regime abrupt tot stilstand te komen.

> In heel Parijs zag ik geen enkel lid van de militie, geen enkele soldaat, geen enkele gendarme, geen enkel lid van de politie. In deze periode maakte de terreur zich meester van alle hogere klassen. Ik geloof niet dat deze tijdens de Revolutie (1789-94) ooit zo groot is geweest. (Victor Hugo, *Choses vues*, pagina 268)

James bleef een paar dagen en werd opgemerkt door Feydeau, een van de leden van de Nationale Garde:

> Rond het middaguur zag ik twee heren, arm in arm, rustig de Rue de la Paix verlaten in de richting van de Tuilerieën. Ik herkende een van hen als een Baron de Rothschild. Ik naderde

hem snel. "Monsieur le Baron," zei ik tegen hem, "het lijkt erop dat u geen goede dag heeft uitgekozen om te gaan wandelen. Ik denk dat u beter naar huis kunt gaan dan uzelf bloot te stellen aan kogels die alle kanten op suizen."

Maar de Baron verzekerde hem dat hij veilig was en dat hij nodig was op het Ministerie van Financiën. Lodewijk Napoleon zou eerst president van Frankrijk en daarna keizer worden; Marx en Engels hielpen bij de oprichting van de Communistische Liga en keerden na het mislukken van de revoluties terug naar Engeland, terwijl anderen, waaronder Joseph Wedermeyer, naar de Verenigde Staten emigreerden... (Olivia Maria O'Grady)

Na de slag bij Sedan en de gevangenneming van Napoleon III door de Pruisen (september 1870), onderging Parijs, dat zichzelf beschouwde als het hart, de hersenen en andere organen van de Franse natie, en de rest van Frankrijk als een achterlijk, primitief, bijna barbaars aanhangsel, een reeks revoluties (in naam van Frankrijk) met als hoogtepunt de Parijse Commune van 1871, die er alleen maar toe diende om de natie voor de vijand neer te leggen en aan zijn minachting bloot te stellen. Citaat van professor Langer:

> Tussen 1840 en 1847 werd Guizot de dominante figuur. Guizot werd premier in 1847 en bleef aan de macht tot 1848, toen hij aftrad. Straatonrust leidde tot de Februarirevolutie.

Voortzetting van het verslag van de gebeurtenissen van 1848, gebaseerd op papieren en documenten uit het British Museum en *L'Alliance France-Allemande* en *Les Forces titaniques, The Rothschilds* van John Reeves en verhalen van Olivia Maria O'Grady:

> In Parijs hing de rode vlag op de barricades. Marxistische revolutionairen leidden de arbeiders en studenten in een bloedige opstand op 22 februari 1848 en Guizot nam ontslag. Troepen vielen de revolutionairen op de barricades aan, waardoor de bevolking in rep en roer raakte. Op de 24e vielen de Nationale Garde en de linieregimenten in handen van de rebellen. Louis Philippe, vierenzeventig jaar oud, ontvluchtte het land.
>
> Marx en Engels zijn klaar om de revolutie persoonlijk te leiden...

Marx krijgt volledige revolutionaire bevoegdheden.... Lamartine en Arago vragen de Joodse bankier Michael Goudchaux om de revolutionaire financiële portefeuille te aanvaarden. De bankier accepteert. Caussidière, de prefect van de barricades, vraagt James Rothschild om een lening om zijn revolutionaire helpers te betalen. James gaat graag akkoord (blz. 218-219).

Na te hebben beschreven hoe Marx en Engels de leiding namen over de verschillende revolutionaire facties en de organisatie van de opstand in Duitsland, schrijft O'Grady:

> Begin april vertrokken Marx en Engels uit Parijs naar Duitsland, waar de vlammen van de revolutie hen waren voorgegaan. De Heilige Alliantie was ingestort in de rook en vlammen van Wenen, en prins Metternich was de stad ontvlucht met geld dat hij had geleend van Solomon Rothschild (Blz. 219).

> James Rothschild gaf Ledru-Rollin zevenhonderdvijftigduizend frank om de revolutie van 1848 te steunen. Er wordt gezegd dat hij daartoe werd gedwongen door Rollins dreigement om het Rothschild-paleis in de rue Lafitte in brand te steken. Tijdens drie dagen van straatgevechten in juni 1848 kwam Louis Eugène Cavalgnac als winnaar uit de bus. Hij nam onmiddellijk dictatoriale bevoegdheden op zich en werd door de Nationale Vergadering benoemd tot voorzitter van de ministerraad. Rothschild maakte vrijelijk gebruik van grote sommen geld en kwam dicht in de buurt van de nieuwe macht in Frankrijk, en voelde zich bij Cavalgnac net zo op zijn gemak als bij Louis Philippe. Men zei al snel dat hij een even goede republikein was als een monarchist.

De Franse Arbeiderspartij eiste hem op als een van hen. De redacteur van de radicale *Tocsin des Travailleurs* schreef:

> U bent een wonderkind, meneer! Ondanks zijn wettelijke meerderheid is Louis-Philippe gevallen, Guizot is verdwenen, de constitutionele monarchie en parlementaire methoden zijn onder het tapijt geveegd; maar u, u beweegt niet. Waar zijn Aragon en Lamartine? Zij zijn er geweest, maar jij hebt het overleefd. De bankiersprinsen zijn in liquidatie en hun kantoren zijn gesloten.

> De grote captains of industry en de spoorwegmaatschappijen wankelen... en jij bent de enige onder deze ruïnes die niet is

getroffen.

Hoewel uw Huis de eerste schok van geweld in Parijs voelde, hoewel de gevolgen van de Revolutie u achtervolgden van Napels tot Wenen en Berlijn, bleef u onverstoorbaar tegenover een beweging die heel Europa trof. Rijkdom verdween, glorie werd vernederd, overheersing werd verbrijzeld, maar de Jood, de Monarch van onze tijd, behield zijn troon.

De Parijse Commune was de eerste communistische regering in Europa. Over de Rothschilds schrijft O'Grady:

> Hun fabelachtige controle over onbeperkte hoeveelheden geld brak voor de Rothschilds alle barrières af. De verblinding van grote rijkdom verhoogde overal hun maatschappelijk aanzien. De machtigen, grote koningen, prinsen en beroemdheden zochten hun gunst.
>
> Ze bouwden paleizen en vermaakten het "goede volk" met een koninklijke pracht en praal die de staatszaken van monarchen te schande maakten. De wereld lag aan hun voeten, en de zaak van de Joden in Europa bloeide. We zullen later zien hoe fabelachtig hun fortuin was.

HOOFDSTUK 11

Frankrijk overleeft communistische aanval

Na deze gedenkwaardige gebeurtenis onderzocht ik artikelen over Frankrijk in de volgende jaren om te zien of de draad werd voortgezet, en dat bleek het geval. Na het succes van de Parijse Commune probeerden de communisten het opnieuw in 1871 na de ondertekening van de voorlopige vrede van Versailles met Bismarck. In september 1870 was de val van Napoleon III bij Sedan een klap die het Franse Rijk niet overleefde.

Op 4 september probeerden de oproerkraaiers opnieuw Parijs in te nemen, zoals ze eerder hadden gedaan toen James Rothschild de revolutie deels had gefinancierd, maar op 19 september stormden de Duitse legers die de Fransen bij Sedan hadden verslagen Parijs binnen en namen de stad in.

De communisten konden hun offensief niet volhouden en Parijs had nog maar acht dagen voedsel. Op 28 januari 1871 capituleerde Parijs voor het Duitse leger. De Franse troepen werden ontwapend en de forten heroverd. Bismarck geeft toestemming voor verkiezingen en eist dat er vijf miljard francs aan compensatie wordt betaald aan Duitsland. Tussen maart en mei 1871 nam de marxistische communistische nationale garde, die Bismarck niet had ontwapend, 417 kanonnen in beslag en vermoordde generaals Lecomte en Thomas.

De Internationale speelde een leidende rol in de Nationale Garde via Loeb, Cohen, Lazare, Lévi en natuurlijk Karl Marx.[3] De reguliere troepen werden gedwongen zich terug te trekken en lieten Parijs in handen van de marxistische Socialistische Internationale. Gesteund door het Duitse leger vielen de Franse troepen de Parijse barricades aan en braken de greep van de communisten. Maar in de tussentijd, voordat de aanval van de reguliere Franse en Duitse troepen de macht van de menigte onder leiding van de rebelse Nationale Garde kon breken, voerden de communisten angstaanjagende represailles uit. Zevenenzestig onschuldige gijzelaars werden afgeslacht in het Fort de Vincennes.

De aartsbisschop van Darboy werd doodgeschoten als een hond, evenals een aantal van zijn priesters. Prominente burgers werden ook doodgeschoten. Dit gebeurde terwijl de troepen van de Derde Republiek de stad binnentrokken.

Op 20 mei 1871 goten de communisten benzine over alle wijken van Parijs die zij belegerden en staken zij alle openbare gebouwen en de meeste particuliere eigendommen, waaronder huizen, in brand. De Tuilerieën, het Ministerie van Financiën, het Palais Royal, het Ministerie van Justitie, het Hôtel de Ville en het hoofdbureau van politie werden platgebrand.

> Wonderbaarlijk genoeg bleven het luxueuze Huis Rothschild en zijn onbetaalbare bezittingen intact. Zoals altijd kwam het Huis Rothschild financieel ongeschonden uit de gevaren van de oorlog van 1870-1871 en de Commune van Parijs en bleef het de onbetwiste meester van Europa. Eens te meer toonden de Rothschilds dat zij in staat waren hun trouw aan de monarchie op te geven en deze met evenveel toewijding aan de Derde Republiek te geven.

Alfonse Rothschild trok zich natuurlijk terug in Versailles en nam een kamer in het Hôtel des Réservoirs, waar hij de

---

[3] Allemaal Joods, natuurlijk, Noot van de redactie.

gevechten, plunderingen en terreur van de revolutie meemaakte.

De geciteerde delen zijn ontleend aan het werk van Olivia Maria O'Grady, het werk van professor Langer en *The Untold Mystery* van John Reeves.

Opmerkelijk is dat terwijl de meest radicale oproerkraaiers bleven om hun onfortuinlijke slachtoffers te vermoorden, hun leiders de stad verlieten en naar Engeland, Zwitserland en Latijns-Amerika vertrokken. De Parijse Commune, die op zijn einde liep, stortte ineen in een razernij van bloeddorstigheid. Het lijdt weinig twijfel dat de enorme hoeveelheid geld die nodig was om de Commune draaiende te houden (het duurde slechts twee maanden) afkomstig moet zijn geweest van de Rothschilds.

> De leiders van de Commune gaven 42 miljoen frank uit, een enorm bedrag voor die tijd. Zelfs met de meest productieve verkwisting is het moeilijk in te zien hoe zij zelfs maar een derde van dat bedrag heeft kunnen uitgeven. Dit betekent dat ongeveer 25 miljoen francs ergens naartoe verdwenen, waarschijnlijk naar Zwitserland, en mogelijk in de bagage van de directeur van de Banque de France, of beter gezegd zijn plaatsvervanger, de markies de Poleis, die Beslay vergezelde naar Zwitserland toen deze een vrijgeleide kreeg om het land te verlaten na de onderdrukking van de Commune. (*The Untold History*, John Reeves) Het algemene gevoel in die tijd was dat Beslay, die door de Parijse Commune (dus indirect door de Rothschilds) was aangesteld bij de Banque de France, het geld voor hen had gered en dat de Rothschilds de vrijgeleides hadden geregeld.

Hoe dan ook, de Commune van Parijs bracht schande en schande over het Franse volk en stortte de socialistische beweging in een staat van verval. Het is interessant op te merken dat het voorlopige vredesverdrag van Versailles mede tot stand was gekomen door Alfonso Rothschild, de zoon van James Rothschild. Alfonso sloot de financiële onderhandelingen met Bismarck af en stemde in met de betaling van de vijf miljard francs die nodig waren voor herstelbetalingen.

Edouard Rothschild was de zoon van Alfonso Rothschild, de oudste zoon van James Rothschild, die op 26 mei 1905 overleed, maar de greep van de erfopvolging op het Franse bedrijfsleven bleef bestaan. Later zullen we de rol zien die Edward Rothschild en Lord Rothschild speelden in de "Balfour Declaration" die leidde tot de oprichting van een zionistische staat in Palestina, waarin Disraeli overigens een leidende rol speelde voor zijn meesters, de Rothschilds. Er zijn altijd mensen achter de schermen, zoals elke bedachtzame student van de wereldgeschiedenis weet.

Welke rol speelde Disraeli bij de oprichting van een "thuisland" voor de Joden? In zijn boek *Tancred*, spreekt Disraeli over

> "die dagen van politieke rechtvaardigheid toen Jeruzalem aan de Joden toebehoorde".

Vanuit Jeruzalem schreef hij:

> "Ik zag een schijnbaar prachtige stad voor me."

en in al zijn romans, *Alroy*, *Contari* en *Fleming*, schreef hij over zijn liefde voor Jeruzalem, waarbij hij benadrukte dat het een Joods bezit was. In Hughendon, zijn landhuis, vertelde Disraeli aan Stanley van zijn

> "plannen om Palestina terug te geven aan de Joden en voor herkolonisatie door de Joden".

Welke rol speelde Karl Marx bij de communistische opstand in Parijs in 1871? Volgens documenten van het British Museum, bevestigd door twee andere bronnen:

> Marx juichte, en hoewel zijn roem zich overal verspreidde als het monster dat de moorddadige moordenaars van Parijs losliet, paradeerde hij als een pauw voor de leden van de Internationale in Londen. Hij begon een lofrede op de "onsterfelijke helden van de barricades".

> Toen de Parijse Commune de leiding van de revolutie in eigen handen nam, toen de gewone arbeiders voor het eerst durfden in te grijpen in het voorkeursbestuur van hun culturele superieuren, kronkelde de oude wereld in stuiptrekkingen van woede bij het zien van de rode vlag, het symbool van de arbeidersrepubliek, boven het Parijse stadhuis.

Een van de dingen die we hebben geleerd van de Parijse Commune is dat deze de meerderheid van het Franse volk ontgoochelde, maar de leiders die met hulp van de Vrijmetselaars en de Illuminati naar Engeland en Zwitserland waren weggeglipt, zagen het als een mijlpaal in de opkomst van het internationale socialisme in Duitsland, Spanje, Rusland en Italië. Karl Marx werd in Londen het coördinerende centrum van het internationale marxisme, maar vlak naast hem zaten Engels en de Rothschilds.

In *The Untold History* wordt ons verteld dat de Rothschilds agenten waren van de vrijmetselaars van Frankfurt, waarvan de landgraaf van Hessen meester was, en wiens financiën de Rothschilds controleerden. Op dit punt is het de moeite waard enkele opmerkingen te maken over Bismarck, want hij speelde een belangrijke rol in de vormgeving van het lot, niet alleen van Duitsland, maar van heel Europa.

Volgens auteur John Reeves in zijn boek *The Rothschilds* werd Bismarck beschouwd als een loutere lakei van de Rothschilds en was hij half Joods.

erDocumenten in het British Museum suggereren dat de natuurlijke vader van Bismarck maarschalk Soult was, de man die verantwoordelijk was voor Napoleons "Waterloo":

> "Bewijst dit niet dat maarschalk Soult haar echte vader was en niet de stille kleine Pruisische landheer, de officiële vader van Bismarck?"
>
> Nadat de Rothschilds Napoleon hadden verpletterd, hadden ze een nieuwe heerser nodig en die creëerden ze in Otto Bismarck. Zijn vader, Willem, trouwde met Louise Menken [de familie Menken waren Joden] - een middenklasse vrouw van onbekende afkomst. Hij nam haar mee naar zijn landhuis, dat al snel werd binnengevallen door Napoleons Franse troepen, en in een nabijgelegen kasteel vestigde maarschalk Soult zijn hoofdkwartier.
>
> Louis was in dreigend gevaar geweest, Soult's champagne en Aziatische overredingskracht verleidden Louis' hart meer dan het bier en de zware geest van haar Duitse echtgenoot. Sindsdien was Soult uiterst attent voor mevrouw Bismarck - Menken en haar zoon, de toekomstige "Man van Bloed en IJzer". Soult bekleedde de hoogste ambten in Frankrijk en verraadde alle christelijke vorsten tot aan zijn dood. Aan de zes jaar die

Bismarck in het Palma Instituut in Berlijn doorbracht, hield hij slechts spijtige herinneringen over. (Cherep-Spiridovich, pagina 108 - *De verborgen hand toegeschreven aan J. Hoche*)

Louise Bismarck-Menken was niet van onbekende afkomst. Ik heb haar voorouders getraceerd tot Haïm Solomon, die zijn hele fortuin aan generaal George Washington zou hebben gegeven om de Amerikaanse Revolutie op gang te brengen. Ook de New York *Jewish Tribune* van 9 januari 1925 bevestigde dat Louise Menken een afstammeling was van Haïm Solomon.

Sommige onderzoekers en historici betwisten sterk dat het geld dat Salomon aan Washington gaf van hemzelf was, maar dat het afkomstig was van de Rothschilds, waarbij Salomon slechts hun tussenpersoon was.

Zij wijzen erop dat Haïm, ondanks dat hij al zijn geld aan Washington gaf, in luxe bleef leven. Het verhaal over hoe Bismarck werd ingelijfd door de Rothschilds kan worden afgeleid uit de brieven van Lord Beaconsfield van december 1812 en *Coningsby*:

> Lionel Rothschild nam Disraeli vaak mee naar Parijs, waar hij werd voorgesteld aan James Rothschild III. Ze kregen bezoek van graaf Arnim, de Pruisische minister. Via Lionel werd Disraeli met hem bevriend. Soult was minister in het Franse kabinet en sprak veel over zijn zoon, of de zoon van zijn minnares, de ex-Menken-Bismarck. Zo kwam het dat de Rothschilds besloten beslag te leggen op de jonge Bismarck, die in nood verkeerde en minstens half-Joods was, die reeds in 1839 moest vechten tegen de ramp die zijn nalatenschap bedreigde. Maar de Rothschilds, Soult en Amim hielden hem al in de gaten en probeerden hem allemaal te gebruiken. Al in 1839, in Aken, had Bismarck zich een rebel getoond, zoals Disraeli in zijn gedicht 'Zegeningen aan de dolk van de regisseur.'
>
> Maar James eiste dat Bismarck en Disraeli "aartsconservatisme" demonstreerden, dat gewonnen moest worden om in de hogere kringen door te dringen en macht te krijgen. Als gevolg daarvan lieten Disraeli en Bismarck hun lofzangen op de "dolken van de regeldood" varen en werden ultra-conservatief. Beiden moesten "zeer werelds" worden. Amim, de Pruisische minister en lid van de Rijksdag, trouwde in 1844 met Bismarcks geliefde zuster

Malvina en volgens Disraeli raakte Bismarck volledig onder de invloed van de Rothschilds en Amim en zijn zuster.

Indirect maken we kennis met de uitspraak van Walter Rathenau dat 300 mannen de wereld regeren (zie *The Hierarchy of Conspirators: The Committee of 300*). Veertig jaar eerder had Bismarck aangegeven dat hij het eens was met Rathenau's uitspraak: Disraeli herhaalde het door te stellen dat

> "de wereld wordt bestuurd door heel andere personages dan degenen die niet achter de schermen staan."

Veertig jaar voor de verklaring van Rathenau heeft Bismarck zijn instemming betuigd met Rathenau en Disraeli (Uittreksel uit de documenten van *Coningsby* en Cherep-Spiridovich en uit het British Museum).

Beschouwd als een reactionair, probeerde Bismarck in 1847 de conservatieven te sussen door zijn gesimuleerd geweld tegen de liberalen, naar het voorbeeld van Disraeli, en won zo de gunst van de koning van Pruisen. Met veel moeite en gegoochel slaagden Bismarcks controleurs erin hem in 1847 te laten trouwen met Johanna Puttkamer.

Puttkamer was een opmerkelijke vrouw, wier vermogen om haar vreselijke temperament (waarschijnlijk geërfd van Soult) te kalmeren, aangezien haar officiële vader een kalme man was, nooit geneigd tot gewelddadige uitbarstingen, haar carrière redde, die anders abrupt zou zijn geëindigd. Toen de lijst van nieuwe kabinetsleden in 1849 werd voorgesteld aan Frederik Willem IV, trok hij een dikke streep over Bismarcks naam en schreef:

> Roodharige reactionair. Hij houdt van de geur van bloed.

In 1849 werd Bismarck met hulp van Arnim en Rothschild gekozen in de Tweede Pruisische Kamer, en in 1851 nam hij als afgevaardigde deel aan de Diet in Frankfurt am Main.

Graaf Arnim stond ook achter Bismarck en speelde een rol bij de aanbeveling van Otto von Manteuffel, de Pruisische minister. Professor Langer bespreekt de historische achtergrond van het belang van von Manteuffel:

Op 16 mei 1850 kwamen een aantal kleine staten en Oostenrijk in Frankfurt bijeen en stelden de oude Diet van de Duitse Confederatie opnieuw samen. Als Pruisen vasthield aan deze unie, leek oorlog met Oostenrijk onvermijdelijk. Toen een geschil ontstond uit een oproep... mobiliseerden beide mogendheden en leek oorlog nabij.

Tsaar Nicolaas van Rusland, geïrriteerd door het pseudoliberalisme van de Pruisische leider, koos de kant van Oostenrijk, en Frederik Willem, die van meet af aan terughoudend was geweest om oorlog te voeren, besloot zich overhaast terug te trekken. Hij stuurde zijn nieuwe minister, Otto von Manteuffel, om te onderhandelen... (Professor Langer, blz. 726-727)

Toen Bismarck oud was, verloren zijn ogen nooit hun verbazingwekkende kracht. Hij had een natuurlijke minachting voor alles wat zwak en sentimenteel was, en onder zijn objecten van minachting rekende hij vele christelijke deugden (Professor F.M. Bowicke, *Bismarck and the German Empire*, blz. 5).

In *La Revue des Deux Mondes* gepubliceerd in 1880 vol. 26, pagina 203 door Valbert, lezen we het volgende:

> De Joden waren de enigen die Bismarck zo konden uitbuiten dat alle liberale hervormingen in Duitsland na Sadowa (waar de Pruisen werden verslagen door de Oostenrijkers in 1866) die door Bismarck werden ingevoerd, de Joden dienden...

Zoals wij hebben aangetoond, waren de Rothschilds bijzonder geïnteresseerd in de politiek van alle naties waarin zij zich hadden gevestigd. Op het Congres van Wenen, bijvoorbeeld, wilden de Rothschilds domineren. We leren van Maria Olivia O'Grady:

> ... De Joden stuurden vertegenwoordigers naar het Congres van Wenen, waar ze probeerden de officiële afgevaardigden te beïnvloeden met steekpenningen en geschenken. De oudste Rothschild, zo zal men zich herinneren, vreesde dat het speciale joodse privilege dat hij had gekocht van Karl von Dalberg, prinspriester van de Rijnbond, verloren zou gaan als het niet werd opgenomen in de nieuwe grondwetten die door het Congres zouden worden opgesteld.

Jacob Baruch (vader van Ludwig Boerne), G. G. Uffenheim en J. J. Gumprecht, speciale afgezanten van Rothschild, zouden door de Weense politie de stad zijn uitgejaagd, als Metternich niet had ingegrepen.

Joodse vertegenwoordigers hadden natuurlijk geen officiële positie in het Congres. De belangrijkste Joodse invloed op de leden van het Congres kwam van de Joodse vrouwen die hun salons openstelden om de vooraanstaande staatslieden en leiders die de zittingen van het Congres bijwoonden rijkelijk te vermaken.

De meest prominente van deze Joden waren Barones Fanny von Arenstein, Madame von Eskeles, Rachel Levin von Varahagen, Madame Leopold Herz en Hertogin Mendelssohn von Schlegel. Het beste wat de Joden op het Congres van Wenen konden krijgen was een aantal ontwerpvoorstellen die steevast volledige burgerrechten boden aan Joden die "alle plichten van burgers op zich namen". Deze clausule voldeed niet aan alle bijzondere eisen en wensen van de Joodse "natie", die in feite alle rechten van het burgerschap wilde zonder de gebruikelijke verplichtingen. (*Het Congres van Wenen*, blz. 345, 346)

De auteur Anka Muhlstein geeft in *Baron James, The Rise of the French Rothschilds* een andere interpretatie van de gebeurtenissen van het Congres van Wenen en het effect daarvan op Frankfurt:

Nauwelijks hadden de Franse legers zich teruggetrokken of de Duitse autoriteiten pakten het dringende probleem aan om de Joden weer op hun plaats te zetten. In Frankfurt werden wettelijk verworven en duur betaalde rechten afgeschaft. Opnieuw werden de Joden behandeld als ongewenste vreemdelingen.

In het besef dat hun eer, vrijheid en soms hun leven werden bedreigd, wendden de Joden zich tot de grote mogendheden, die regelmatig bijeenkwamen op het Congres van Wenen. Maar hoe steekhoudend hun argumenten ook waren, ze waren tevergeefs. De Joden in Duitsland hadden dus geen andere keuze dan, zoals in het verleden, hun toevlucht te nemen tot clandestiene middelen en op die manier bescherming te zoeken of te kopen.

Salomon kreeg de leiding over de Joodse campagne en plotseling zwol de portemonnee van Gentz, Metternichs adviseur, aan. Het resultaat was een opschorting van de Oostenrijkse uitzettingsbevelen en verklaringen van Metternich en Hardenberg, de tegenhanger van de Oostenrijkse kanselier in Pruisen *(Baron James, The Rise of the French Rothschilds*, Anka Muhlstein, blz. 68).

Volgens Muhlstein werden de Joden in Frankfurt aangevallen en zwaar vervolgd. Salomon Rothschild verkoos naar Wenen te verhuizen, maar Amschel bleef in Frankfurt en nadat hij de regering eraan had herinnerd hoezeer zij de Rothschild-leningen nodig had, begon het geweld tegen de Joden af te nemen.

HOOFDSTUK 12

Salomon Rothschild toont zijn financiële macht

Omdat Salomon in Wenen geen huis mocht kopen, huurde hij een heel luxe hotel voor zichzelf en weigerde vervolgens de koning van Württemberg de flat die hij jarenlang had bewoond.

Salomon kreeg diplomatieke immuniteit en de titel "Baron". Metternich benoemde James en Nathan vervolgens tot consuls, een "ondenkbare eer voor een Jood", zoals Salomon opmerkte:

> James hernieuwde zijn oproep niet. De duidelijke macht en bescherming van Metternich verlichtte zijn zorgen. Dankzij de kanselier zouden de Rothschilds diplomatieke onschendbaarheid krijgen.
>
> Nadat hij hun een nuttige en vleiende titel had verleend, ging hij nu nog veel meer doen. Nathan en James, ten koste van vele vakkundig onderhandelde leningen, kwamen op het idee om benoemd te worden tot consuls om Oostenrijk te vertegenwoordigen in Londen en Parijs. Een Jood in het corps diplomatique! Het was ondenkbaar. Maar ondanks de enorme omvang van het voorstel, ging Metternich akkoord.
>
> Alleen kwaadwillenden zouden een verband vermoeden tussen de voordelige persoonlijke leningen van de Rothschilds aan de kanselier. Alle hofhoudingen leiden tot nieuwe zaken, vooral als het om Oostenrijk gaat. Als James in Parijs zou worden benoemd, zou hij, als God het wil, alles kunnen regelen wat te maken heeft met de liquidatie van de schuld van Frankrijk aan Oostenrijk, aangezien de consul bevoegd zou zijn om persoonlijk met de koning te handelen. (*Souvenirs* Auguste de Fremilly, pagina 232, 1908)

> In een poging om een model op te stellen van machtige Joden die proberen hun invloed aan te wenden in internationale verdragen, werd de Conferentie van Aken in 1818 ook geconfronteerd met ongenode Joodse vertegenwoordigers. Lewis Way, een Engelse geestelijke, trad op als woordvoerder van de Joden en bood de conferentie een petitie aan waarin werd opgeroepen tot de emancipatie van de Joden in Europa. De joodse invloed op de Parijse congressen van 1856 en 1858 blijkt duidelijk uit het verloop van beide bijeenkomsten. Het ziet er niet naar uit dat Joden op beide congressen een officiële vertegenwoordiging kregen. (Olivia Maria O'Grady)

Dit beviel de Rothschilds niet, die steeds meer eisten van hun machthebbers. Na de titels van baron en consul te hebben ontvangen, wilden ze nu meer zichtbare tekenen van hun macht.

Hun "liefde voor onderscheidingen" was op zijn zachtst gezegd mateloos. Von Gentz kreeg opdracht om bekendheid te geven aan het feit dat hen medailles en lintjes werden toegekend:

> "Salomon von Rothschild en zijn broer in Parijs ontvingen de Orde van Sint Vladimir als erkenning voor leningen die zij voor Rusland hadden afgesloten."

Von Gentz heeft een aantal grote Duitse kranten aangeschreven. Het zou goed zijn als u het nieuws publiceert. Maak er een Vladimir van in plaats van een Heilige Vladimir. In een brief aan graaf von Neipberg in 1830 bekritiseerde Metternich privé de ijdelheid van de Rothschilds:

> De Rothschilds willen graag een beetje Saint-Georges. Wat een ijdelheid! Ondanks hun miljoenen en hun gulle loyaliteit hebben de Rothschilds een verbazingwekkende honger naar eer en aanzien. (Documenten van het British Museum)

Het christelijk-religieuze karakter van de onderscheidingen maakte het des te opmerkelijker dat de Rothschilds ze konden krijgen, en onderstreepte de macht die zij hadden over Metternich en Bismarck, vooral omdat bekend is dat Metternich bezwaar begon te maken tegen de verzoeken van de Rothschilds omdat zij als niet-christenen geen recht hadden op bepaalde onderscheidingen, maar dit hield de stroom verzoeken om speciale eerbewijzen niet tegen. In 1867 schreef James' oudste zoon Alphonse aan zijn neven in Londen:

> Het meest opmerkelijke resultaat van het bezoek van Bismarck (aan Londen) was de uitreiking van onderscheidingen. Mijn vader ontving het Grootlint van de Rode Adelaar, de hoogste en meest onderscheiden onderscheiding. Geen enkele jood in Pruisen heeft die ooit ontvangen. (*Goud en IJzer*, Fritz Stern, pagina 1150)

Als voortzetting van O'Grady's werk, haar thema van onofficiële maar krachtige vertegenwoordiging op wereldconventies waar Joden geen status hadden, bespreekt zij de Amerikaanse inspanningen namens hen:

> Amerikaanse Joden hebben de Verenigde Staten beïnvloed om hun eis voor "volledige en gelijke rechten" in te dienen op de vredesconferentie van Boekarest in 1913, hoewel de Verenigde Staten niet officieel vertegenwoordigd waren op de conferentie.

In oktober 1913 zond de Anglo Jewish Association een gezamenlijk memorandum aan Sir Edward Grey, waarin erop werd aangedrongen de nieuwe bevestigende garanties voor Joden veilig te stellen, waarbij erop werd gewezen dat Roemenië dergelijke garanties herhaaldelijk had genegeerd en verworpen.

> Op verzoek van president Theodore Roosevelt had Elihu Root, minister van Buitenlandse Zaken van de Verenigde Staten, ambassadeur White, die de Verenigde Staten vertegenwoordigde op de Algerijnse Conferentie van 1906, duidelijke instructies gegeven om erop aan te dringen dat de Conferentie rekening zou houden met de garanties van religieuze en raciale tolerantie in Marokko.
>
> Nergens wordt het optreden van het wereldjodendom op de Vredesconferentie beter aangegeven dan in de bepalingen die het Verdrag van Versailles aan Polen oplegt. Een meedogenloze veroveraar had niet strenger kunnen zijn. Poolse vertegenwoordigers ondertekenen het Minderhedenverdrag op 28 juni 1919, waarmee Polen zich verbond tot de verdeling van de soevereiniteit en de creatie van een superieure en bevoorrechte klasse van burgers. (Olivia Maria O'Grady, pagina's 344-347)

De geschiedenis heeft keer op keer aangetoond dat de

gemiddelde persoon in de meeste landen weinig of geen tijd heeft om iets anders te doen dan de kost te verdienen, een gezin groot te brengen en een baan te houden die hem in staat stelt deze doelen te bereiken, zodat er weinig of geen tijd overblijft om zich te interesseren voor politiek, economische zaken of andere vitale zaken, zoals oorlog en vrede, die hun leven en hun land beïnvloeden.

Toch leken bepaalde groepen mensen immuun voor deze beperkingen, en leken zij altijd te weten waar en door wie de belangrijke kwesties zouden worden beslist, en leken zij te beschikken over een wereldwijd netwerk dat hen op de hoogte hield van alle politieke en economische ontwikkelingen. Zeer georganiseerd en zeer luidruchtig, hadden deze groepen altijd de overhand op normale burgers.

Volgens Cherep-Spiridovich's *The Hidden Hand* en het diepgaande werk van auteur Olivia Maria O'Grady zijn deze zeer effectieve groepen altijd Joods geweest of gedomineerd en gecontroleerd door Joden.

Beide auteurs halen tal van voorbeelden aan ter ondersteuning van hun stelling, waarvan de vredesconferentie van Parijs in 1919 en de oprichting van de staat Israël misschien wel de twee meest overtuigende zijn. We gaan verder met Olivia Maria O'Grady's verslag:

> Bij het ochtendgloren in 1919 werd Parijs letterlijk overspoeld door Joden uit de hele wereld - rijke Joden, arme Joden, orthodoxe Joden, socialistische Joden, financiers en revolutionairen - die naar de Franse hoofdstad stroomden en aan het werk gingen.
>
> Op 25 maart 1919 was het Joodse Delegatiecomité voor de Vredesconferentie volledig georganiseerd. Bovendien werden afgevaardigden van de Wereld Zionistische Organisatie en B'nai B'rith in de samenstelling van het Comité opgenomen, die beweerden namens tien miljoen Joden te spreken.
>
> Woodrow Wilson, Georges Clemenceau en andere internationale figuren waren slechts marionetten in de handen van deze internationale Joden. Hoewel het idee van een

wereldsuperstaat al lang een Joodse droom was, werd Wilson's verwaandheid dat het zijn eigen creatie was aan alle kanten gesteund door de Joodse delegatie en de door hen gecontroleerde wereldpers. "De beginselen van nationale zelfbeschikking en homogeniteit mochten niet tot het uiterste worden gedreven," schreef een Joodse historicus met duidelijke voldoening.

De sluwheid van de Joodse delegatie is duidelijk waarneembaar in het eindproduct van Versailles. Het grondwerk voor de vernietiging van de soevereiniteit in het hele christendom was goed voorbereid door het brein achter het Joodse delegatiecomité. De absolute soevereiniteit werd ingeperkt. Bij het uitbreken van de Tweede Wereldoorlog werden "de nieuwe en uitgebreide staten" gedwongen "de verplichting op zich te nemen om in een verdrag met de belangrijkste geallieerde en geassocieerde mogendheden de bepalingen op te nemen die door deze mogendheden noodzakelijk worden geacht voor de bescherming van de inwoners die zich door ras, taal of godsdienst onderscheiden van de meerderheid van de bevolking".

Onder de Joodse afgevaardigden op de Vredesconferentie van Parijs bevond zich Jacob Schiff, die later een van de Wall Street bankiers werd die de bolsjewistische revolutie in Rusland financierden. De bekroning van de Joodse triomf was de bepaling die de "rechten van nationale groepen" onder de internationale garantie en jurisdictie van de Volkenbond plaatste - die er niet om gaven "de wereld veilig te maken voor democratie". (Wilson Intentieverklaring, Olivia Maria O'Grady)

Wilson mag dan misleid zijn geweest door de bedoeling en het doel van de Volkenbond, maar een groep wakkere Amerikaanse senatoren doorzag de bedoelingen van de initiatiefnemers. Zij zagen de Volkenbond precies voor wat het was: een poging om de Amerikaanse soevereiniteit, de Amerikaanse Grondwet en de Bill of Rights te vernietigen, en verwierpen het als zodanig toen het verdrag ter ratificatie aan de Amerikaanse Senaat werd voorgelegd.

De leiders van de oppositie in de Senaat waren de Senatoren Hiram Johnson en William E. Borah. Borah, wiens patriottisme geen grenzen kende. Het verdrag werd verworpen op 11 november 1919.

Ook de Britse premier Lloyd George zag de gevaren van de beperkingen die het Verdrag van Versailles de naties oplegde. In 1919 zette hij zijn angsten op papier tijdens een weekendonderbreking van de conferentievergaderingen:

> Wanneer naties uitgeput zijn door oorlogen waarin zij al hun krachten hebben ingezet en die hen moe, bloedeloos en gebroken achterlaten, is het niet moeilijk om een vrede tot stand te brengen die stand kan houden totdat de generatie die de verschrikkingen van de oorlog heeft meegemaakt is overleden... Het is dus betrekkelijk eenvoudig om de stukken van een vrede die dertig jaar kan duren weer in elkaar te zetten. Wat daarentegen moeilijk is, is een vrede tot stand te brengen die geen nieuwe strijd uitlokt wanneer degenen die de oorlog aan den lijve hebben ondervonden, zijn heengegaan...
>
> U kunt Duitsland van haar koloniën ontdoen, haar bewapening terugbrengen tot een gewone politiemacht en haar marine tot die van een vijfde-rangsmacht; het feit blijft dat, als zij zich in de vrede van 1919 onrechtvaardig behandeld voelt, zij uiteindelijk de middelen zal vinden om vergelding te krijgen van haar veroveraars.
>
> De dwang, de diepe indruk die vier jaar van onverklaarbare slachting op het menselijk hart heeft gemaakt, zal verdwijnen met de harten waarop het verschrikkelijke zwaard van de Grote Oorlog heeft gebrandmerkt. De handhaving van de vrede zal dan afhangen van geen enkele oorzaak van ergernis die voortdurend de geest van patriottisme, rechtvaardigheid en fair play aanwakkert... Hoewel Lloyd George een moedige poging deed om Duitsland recht te doen, faalde hij, niet omdat hij het niet wilde proberen, maar vanwege de onverbiddelijke krachten van het internationalisme die zich tegen hem opstelden, gekenmerkt door het gemene en wreedaardige gedrag, de houding en de eisen van de Fransman Georges Clemenceau.
>
> De bijna profetische woorden die hij in maart 1919 in Fontainebleau schreef, laten zien dat Lloyd George een vooruitziende blik had. Lloyd George werd verslagen door de revolutionaire krachten die sinds de achttiende eeuw aan kracht hadden gewonnen. Goed georganiseerd en gefinancierd, waren ze vrijwel niet te stoppen. In zekere zin werd Lloyd George

gehinderd door de aanwezigheid van zijn controleur. Sir Philip, A.G.D. Sassoon, Bart, door huwelijk en bloedverwant van de Rothschilds. Als lid van de Britse Privy Council kon Sassoon deelnemen aan de geheime beraadslagingen van de confraters.

TIME magazine van 17 mei 1940, waarin het Franse beleid in Versailles en de gevolgen ervan werden uitgelegd, bevestigde ook, in een zeldzame afwijking van de Rothschild censuur:

> Op het essentiële ministerie van Binnenlandse Zaken benoemde premier Reynaud de energieke 54-jarige Georges Mandel, voorheen minister van Koloniën. Het was geen nieuwe functie voor de kleinneuzige Clemenceauist, die als stafchef van de Tijger tijdens de vorige oorlog de binnenlandse zaken van het land had beheerd en het burgerlijke moreel had gehandhaafd.
>
> De als Jeroboam Rothschild geboren Mandel is vaak de Disraeli van Frankrijk genoemd; als superpoliticus in een land van politici heeft hij onlangs op het ministerie van Koloniën (en Post) laten zien dat hij niets heeft ingeboet aan de dynamiek en de bestuurlijke flair die hem zo onmisbaar voor Clemenceau hadden gemaakt...

Uit mijn studie in het British Museum blijkt duidelijk dat het succes van de Vredesconferentie van Parijs en het daaropvolgende Verdrag van Versailles afhing van de universele aanvaarding van de Volkenbond, de eerste georganiseerde poging om één enkele wereldregering in te stellen die zich de soevereiniteit van alle naties zou toe-eigenen, en Palestina aan de zionisten zou geven.

Deze visie wordt bevestigd door Wilson's woorden bij zijn aankomst in Parijs in januari 1919:

> De Volkenbond is het centrale thema van onze bijeenkomst.

Zoals we weten was Wilson zorgvuldig getraind en geïnstrueerd door Mandel House, de dienaar van de Rothschilds, en hij wist dat hij bevelen moest gehoorzamen. Toen ik de papieren van Lloyd George in het British Museum onderzocht, werd mij duidelijk dat de Britse premier zich tegen Wilson had verzet, maar tevergeefs. Ondanks krachtige protesten van Lloyd George stond Wilson erop dat het eerste punt op de agenda het voorstel tot oprichting van de Volkenbond zou zijn.

Ik heb vele maanden onderzoek gedaan naar de Volkenbond in het British Museum en ontdekte dat Wilson naar Parijs ging gewapend met instructies over zijn agenda die hij indirect van Lord Rothschild ontving via Mandel House.

Wilson was via Mandel House onder de aandacht van de Rothschilds gekomen, toen hij als professor aan de Princeton University had geprobeerd een einde te maken aan wat hij 'snobisme' noemde door studentenclubs te verbieden. Hij had geen succes, maar deze vroege indicatie van zijn socialistische overtuigingen trok de aandacht van House en leverde hem het gouverneurschap van New Jersey en uiteindelijk het presidentschap van de Verenigde Staten op. Voorzitter Will Hayes van het Republikeinse Nationale Comité zei over Wilson:

> Hij wil de wereld ongehinderd opnieuw opbouwen, in overeenstemming met alle socialistische doctrines, alle noties van onbeperkt overheidseigendom, alle mistige grillen die door zijn hoofd kunnen gaan.

Uit mijn studie van Wilsons presidentschap blijkt dat Hayes op het goede spoor zat, maar geen idee had wie Wilsons agenda aanstuurde. Er was niets vaags aan de duidelijke instructies die hij voortdurend via Mandell House uit Londen ontving. Een van die instructies uit Londen betrof Wilsons Veertien Punten. In feite waren de veertien punten die hij aan de vredesconferentie van Parijs zou voorleggen, opgesteld door de Rothschilds en rechter Brandeis, die ze aan Wilson hadden doorgegeven met de opdracht ze op de conferentie als de zijne te gebruiken, onder het toeziend oog van de jood Bernard Baruch.

De tweede reeks instructies, die van de Volkenbond, zou ook het werk zijn geweest van Wilson. Zijn toespraak aan het begin van de Eerste Wereldoorlog dat Amerika vocht tegen "de heersende klasse en niet tegen het Duitse volk" was pure House-retoriek. Vervolg met citaten van Olivia Maria O'Grady:

> President Wilson, omringd door de Joodse financiële broederschap, hier en daar onder druk gezet door de sinistere Colonel House, en geadviseerd door de zionist Brandeis, waande

zich de grote "vredestichter" van de hele geschiedenis. Hij was een historicus die bewees dat hij niets van geschiedenis wist.

In de handen van de Joden, die het voor hun eigen doeleinden gebruikten, stortte het dit land [de Verenigde Staten] in een rampzalige oorlog en zette het een reeks gebeurtenissen in gang die Amerika zouden vernietigen.

Gevleid en geprezen door degenen die hem naar hun hand zetten, beeldde hij zich in dat hij voor God speelde en de wereld en haar bewoners naar zijn hand zette. Nadat hij een ambtseed had afgelegd om de belangen van het Amerikaanse volk te beschermen en te bevorderen, geloofde hij plotseling dat hij een mandaat had om de wereld te redden.

Hij riep op tot "vrede zonder overwinning" en verklaarde dat hij de Verenigde Staten stortte in een "oorlog om een einde te maken aan de oorlog" en om "de wereld veilig te maken voor de democratie". Sindsdien heeft de geschiedenis herhaaldelijk de nutteloosheid van zijn dubbele woorden onderstreept.

Vrede en overwinning kwamen op 11 november 1918 en Wilson haastte zich naar Parijs waar hij beide verloor (Olivia Maria O'Grady)

Dit is misschien een beetje hard voor Wilson, die tenslotte omringd en beschermd werd door adviseurs:

We kunnen dit misdadige en verraderlijke vredesverdrag, dat aanleiding gaf tot de huidige oorlog (de Tweede Wereldoorlog), nu goed beoordelen.

Het was niet Wilson die de Duitse regering verraadde met de belofte van zijn Veertien Punten, noch Lloyd George die tegen de Arabieren loog om hen tot oorlog te bewegen - het waren Jeroboam Rothschild, Sir Philip Sassoon en Bernard Baruch. Wilson, Lloyd George en Clemenceau zijn alleen schuldig voor zover zij handelden in gehoorzaamheid aan een macht waartegen zij zich niet durfden te verzetten. Deze drie Joden, die de financiële macht van de familie Rothschild vertegenwoordigen, bepaalden de essentiële bepalingen van het beruchte vredesverdrag.

Zij hebben het Internationaal Arbeidsbureau opgericht; zij hebben de Commissie voor herstelbetalingen en de Financiële

Conferentie van Brussel geregeld; zij hebben Palestina aan de Joden gegeven; zij hebben de Volkenbond en het Wereldgerechtshof opgericht zonder onze steun.

Het is onze weigering om mee te doen die de realisatie van hun grandioze machine voor een wereldregering heeft verhinderd (*Rothschild Money Trust*, blz. 67, 68).

Hoewel de naam van kolonel House niet wordt genoemd in dit verslag, was het toch House die, meer dan Baruch, de Rothschild-belangen in de Verenigde Staten vertegenwoordigde op de conferentie. Vervolg van *The Rothschild Money Trust*:

Deze drie Joden zijn verantwoordelijk voor het opgeven van de Veertien Punten van President Wilson en de flagrante schendingen van de beloften waarop Duitsland de wapens neerlegde. Als de beloften van president Wilson waren nagekomen, zou er geen Tweede Wereldoorlog zijn geweest. Misschien als we ons hadden aangesloten bij de Volkenbond zou er geen zijn, want we zouden de onderdanen zijn van de "Despot Koning" die ons zou regeren met een ijzeren vuist.....

Jeroboam Rothschild (Mandel) was lid van het kabinet Reynaud en nam met hem ontslag en liep met hem weg toen Frankrijk weigerde te worden samengevoegd met het Britse Rijk, maar in plaats daarvan besloot zich over te geven. Het Franse volk lijkt zich nu te realiseren, volgens de pers, dat ze nu het slachtoffer zijn van oorlogszuchtige...

Het project van de Volkenbond is niet geboren met President Wilson. Hij heeft het niet opgeëist. De precieze oorsprong is onbekend, maar de Joden eisen de eer ervoor op. Het is ongetwijfeld hun kindje, want het heeft alle kenmerken van hun slimheid... De Londense *Daily Mail* noemde het "de meest uitgebreide schijnvertoning die de geschiedenis ooit heeft gepleegd".

Onder het voorwendsel van een vredesverdrag met Duitsland heeft deze vredesconferentie Palestina als woonplaats voor de Joden vastgelegd en de Britse regering een mandaat gegeven om het land te besturen. Sindsdien zijn de Joden in oorlog met de Arabieren, en de situatie is zo ondraaglijk geworden dat de Britse regering heeft getracht het land te verdelen tussen Joden en Arabieren en afstand te doen van haar verantwoordelijkheid, hetgeen noch de Joden noch de Arabieren heeft behaagd.

Het volk van Amerika wil geen superregering, noch wil het geregeerd worden door de paus van Rome of een despoot van het bloed van Zion. We zijn daar ternauwernood aan ontsnapt toen de Republikeinen, met de hulp van twaalf koppige Democraten, het project van de Volkenbond met een zeer kleine marge versloegen; want de Volkenbond moest juist dat zijn. (Olivia Maria O'Grady, blz. 68, 69 en 85)

Een passend grafschrift (en misschien een onheilspellende waarschuwing aan de wereld) werd geschreven door O'Grady:

> Eind 1938 was de ineenstorting van de Volkenbond bijna compleet. Van de 62 landen die lid waren, waren er nog maar 49 over. Eind 1940 was de Volkenbond opgehouden te bestaan.
>
> Het is in de voetsporen getreden van zijn voorgangers - de Heilige Alliantie (zo gevreesd door de Rothschilds), het Concert van Europa en het Permanente Hof van Arbitrage.
>
> Het is mislukt omdat de Verenigde Staten weigerden deel te nemen en omdat de mensheid nog niet is teruggebracht tot haar gemeenschappelijke noemer: middelmatigheid.
>
> De begrippen "moeder", "thuis", "de vlag", "hemel" en "God en vaderland" waren nog diep geworteld in de geesten en harten van de mensen. Er zou nog een oorlog, en misschien zelfs nog een andere, nodig zijn voordat deze "reactionaire burgerlijke" begrippen uit de hersenen van de mensen zouden zijn gewist.

Mayer Amchel Rothschild

Het huis van de familie Rothschild
aan de Judenstrasse in Frankfurt, Duitsland.

Gutte Schnapper Rothschild

Jacob James Rothschild

Lionel Rothschild

De beroemdste Rothschild zonen die een miljarden fortuin beheren. Salomon, Nathan en Karl Rothschild...

Waddesdon Manor (Mansion), een buitenverblijf van de Rothschilds in Engeland

Château de Ferrières door Jacob James Rothschild

Napoleon Bonaparte en Arthur Wellesley (hertog van Wellington)

Maarschalk Soult en Generaal Blücher

HOOFDSTUK 13

De Volkenbond: een poging om één wereldregering in te stellen.

Een van de meest verbazingwekkende aspecten van de Volkenbond was de grote druk die werd uitgeoefend om het verdrag door de Verenigde Staten te laten aanvaarden, en de buitengewone inspanningen die daartoe werden geleverd. Wilson eiste ratificatie van het verdrag zoals het er lag, zonder discussie, zonder verandering en zonder wijziging.

Het Amerikaanse volk, dat door de Rothschild-agenten in Amerika als voldoende bereid was beoordeeld om alles te accepteren, werd geacht de geheime overeenkomsten te accepteren die in 1915 achter gesloten deuren waren gesloten. Dit is wat de Rothschilds gewend waren te zien gebeuren. Het was altijd een zaak van "onze wil geschiede" of verwacht een hoop problemen.

Op 22 september 1919 eiste professor I. Shotwell, een Amerikaanse Fabianist, dat de Senaat het verdrag onverwijld zou ratificeren, en Charles McParland, algemeen secretaris van de Wereldraad van Kerken, steunde zijn pleidooi!

Ik noem dit om te illustreren hoe diepgeworteld het internationale socialisme was in de Verenigde Staten.

Het zionisme was toen al het beslissende element. Over de zionistische beweging in Amerika staat een interessant verslag in Walter Laqueur's *History of Zionism*:

> Pas in 1917 ontstond de zionistische organisatie in Amerika... Maar ondanks de gebeurtenissen in Oost-Europa... was de

invloed van de beweging nauwelijks merkbaar in het Amerikaanse leven. Europa was immers ver weg en de situatie van het Amerikaanse Jodendom en zijn vooruitzichten gaven geen aanleiding tot bezorgdheid. De beweging was in wezen East Side van karakter. Het ontbrak haar aan geld, prestige en politieke invloed. Haar leiders daarentegen waren geassimileerde Joden, zoals rabbi Stephen Wise... De doorbraak kwam tijdens de eerste jaren van de oorlog in Europa, toen Brandeis haar leider werd. Brandeis was een van de meest gerespecteerde Amerikaanse advocaten die later rechter bij het Hooggerechtshof zou worden. Hij werd overgehaald door Jacob de Haas, een Britse zionist en naaste medewerker van Herzl, die in 1901 naar Amerika was verhuisd.

Brandeis, in de woorden van andere zionistische leiders, had geen band met enige vorm van Joods leven, geen kennis van de literatuur en geen bekendheid met de traditites; hij moest het Joodse volk herontdekken. Maar toen zijn verbeelding eenmaal was gegrepen door het zionistische ideaal, besteedde hij veel van zijn tijd en energie aan de beweging, waarvan hij voorzitter was van 1914 tot zijn benoeming tot lid van het Hooggerechtshof. Meer dan enige andere gebeurtenis was het Louis Brandeis' identificatie met de beweging die van het zionisme een politieke kracht maakte. Zionist zijn was plotseling respectabel geworden. (Pagina's 160,161)

Er staan enkele zeer belangrijke uitspraken in dit uittreksel van Laqueur's boek.

1. Zionisme was niet de zorg van de overgrote meerderheid van de Amerikaanse Joden.

2. De overgrote meerderheid van de Amerikaanse Joden was niet erg betrokken bij de oorlog in Europa.

3. Brandeis was geen religieuze Jood in de algemeen aanvaarde zin.

4. De zionistische beweging was, voordat Brandeis zich erbij aansloot, in wezen een socialistische beweging van niet-religieuze bolsjewistische joden uit het Oosten, dezelfde mensen die Trotski rekruteerde voor zijn missie om het christelijke Rusland omver te werpen, met andere woorden, zionistische joden.

5. De meeste Amerikaanse Joden waren niet geïnteresseerd in migratie naar Israël totdat Brandeis hun aandacht trok. Blijkbaar beschouwden zij Palestina niet als een "thuisland", althans niet in de politieke zin van een zionistische staat, aangezien hun godsdienst leerde dat er geen joodse staat kon zijn tot de terugkeer van de Messias.

In alle eerlijkheid en zonder Joden te willen schaden, en om strikt objectief te zijn, heb ik duizenden pagina's van Brandeis' geschiedenis onderzocht, maar ik heb geen bewijs gevonden dat hij zijn Joodse religie herontdekte. Ik kon geen bewijs vinden dat Brandeis een religieuze Jood werd. Wat ik wel vond was dat de Haas Brandeis had bekeerd tot actief zionisme, wat een politieke beweging is, geen religieuze, een politieke beweging waartoe Brandeis zich meer bekeerde dan Sint Paulus tot het christendom.

Brandeis werd toen voorlopig voorzitter van de World Federation of Zionists, zelf een zuiver politiek niet-religieus orgaan bestaande uit niet-religieuze Joden.

Misschien wel de bekendste historische gebeurtenis waarbij de Rothschilds in elk stadium betrokken waren, is de "Balfour Declaration", die algemeen wordt beschouwd als het begin van de staat Israël op het land Palestina, waarnaar de zionisten al honderd jaar streefden. Maar in 1914 hadden zij geen vooruitgang geboekt in de richting van hun doel, althans geen noemenswaardige. Het zionisme was niet dichter bij zijn vaak genoemde doel van een Joodse staat in Palestina dan Herzl in 1897. Volgens documenten van het Congres en van het British Museum, evenals de oorlogsmemoires van Robert Lansing, de Amerikaanse ambassadeur in Londen, en de geschriften van Ramsey McDonald, bood de Eerste Wereldoorlog een gouden kans om Herzls droom van een zionistische staat in Palestina te verwezenlijken. Lansing drong aan op deelname van Amerika aan de Eerste Wereldoorlog in 1915 en House, handelend namens de Rothschilds, voegde zich bij hem om te lobbyen bij Wilson. De druk op Wilson was enorm en de Verenigde Staten voerden oorlog in Europa tegen de wens van 87% van het Amerikaanse volk.

De gevestigde historici hebben altijd de indruk gewekt dat een grote meerderheid van de Joden voorstander was van een "thuisland voor de Joden" in Palestina. Na veel onderzoek ontdekte ik dat dit grotendeels een oefening in propaganda was.

In feite was er in Rusland en Groot-Brittannië aanzienlijke weerstand tegen het idee van religieuze Joden, die geloofden dat zo'n thuisland alleen kon worden opgericht na de terugkeer van hun Messias.

Om de houding van religieuze Joden te verzachten hield Weizman op 20 mei 1917 in Londen een toespraak, waarin hij verklaarde dat hij wist dat de Britse regering bereid was de zionistische plannen voor Palestina te steunen.

Natuurlijk was hij officieel niet gemachtigd een dergelijke verklaring af te leggen, maar ongetwijfeld wetende dat de macht en het prestige van Lord Rothschild meer dan waarschijnlijk de overhand zouden krijgen, deed hij dat toch. De anti-Zionistische religieus-Joodse oppositie, geleid door Claude Montefiore van de beroemde Montefiore Joodse dynastie, is zeer ontstemd, vooral omdat Weizman de religieuze Joden had omschreven als een "kleine minderheid".

Volgens *A History of Zionism* werd een brief ondertekend door Montefiore en David Alexander, de voorzitters van de Britse Board of Deputies, gestuurd naar de krant *London Times*, die op 24 mei 1917 werd gepubliceerd onder de titel *Palestine and Zionism, Views of Anglo-Jewry:*

> Zij herhaalden hun protest tegen de zionistische theorie van een nationaliteit zonder vaste verblijfplaats, die, indien algemeen aanvaard, tot gevolg zou hebben dat Joden overal als een anachronisme zouden worden weggevaagd; religie is het enige zekere criterium. De ondertekenaars verklaarden ook dat het een ramp zou zijn als joodse kolonisten in Palestina speciale rechten zouden krijgen in de vorm van politieke privileges of economische voorrang. Dit was in strijd met het beginsel van gelijke rechten voor iedereen. Het zou Joden in gevaar brengen waar zij gelijke rechten hadden verkregen en Palestijnse Joden betrekken bij de bitterste ruzies met hun buren van andere rassen. (Blz. 193, 194)

De wijsheid en vooruitziendheid van niet-zionistische religieuze Joden wordt weerspiegeld in de tragische gebeurtenissen in Palestina, dat tot op de dag van vandaag in beroering is. Jaren later werden hun standpunten herhaald door een religieuze Joodse organisatie, de Vrienden van Jeruzalem (Naturei Karta). In een serie van 12 paginagrote advertenties in de *New York Times* hekelden zij de staat Israël als een onwettige staat, opgericht in flagrante ongehoorzaamheid aan religieuze Joden en de Tora, en als een ramp voor orthodoxe Joden.

HOOFDSTUK 14

De Britse regering verraadt de Arabieren en Lawrence of Arabia...

Door een flinke dosis sluwheid, waaronder het verraad van Lawrence of Arabia en geheime afspraken tussen de Britten en de Fransen (het Sykes-Picot Verdrag), besloten de twee regeringen om de Arabische landen aan het eind van de oorlog onder elkaar te verdelen. Vindt u dit buitengewoon? Ja, dat was het, en het kon alleen gedaan worden met de steun van de Rothschilds. Een van deze misleidingen bestond uit een brief van de zionistische leider, Sokolow, die een andere zionist, een man genaamd Sacher, aanstelde om een ontwerp op te stellen gericht aan Balfour, volgens welke de heroprichting van Palestina als een Joodse staat een van zijn essentiële oorlogsdoelen was. Sokolow had zijn twijfels en vond het te ambitieus:

> "Als we te veel vragen, krijgen we niets", een mening die Lord Rothschild duidelijk deelde. Zij waren echter ontsteld toen het Ministerie van Buitenlandse Zaken zijn eigen ontwerp publiceerde, waarin termen als "asiel", "toevlucht" en "heiligdom" werden gebruikt voor slachtoffers van Joodse vervolging. Het spreekt vanzelf dat dit ontwerp werd verworpen door de zionisten, die erop aandrongen dat de verklaring waardeloos zou zijn tenzij het beginsel van erkenning van Palestina als nationaal tehuis voor het Joodse volk werd bevestigd. Uiteindelijk legde Rothschild op 18 juli een compromisformule voor aan Balfour. Daarin was geen sprake van een Joodse staat, maar van een nationaal tehuis.
>
> (*A History of Zionism*, blz. 195-196 Sokolow, *Geschite des Zionismus*, British Museum Papers)

Helaas werden de proteststemmen van religieuze Joodse leiders overstemd door het politieke zionisme, dat met steun van de Rothschilds de balans in hun voordeel deed doorslaan. Ramsey McDonald vatte zijn gevoelens over dit slinkse gedrag samen:

> Wij moedigden de Arabische opstand in Turkije aan door te beloven een Arabisch koninkrijk te stichten uit de Arabische provincies van het Ottomaanse Rijk, inclusief Palestina.
>
> Tegelijkertijd moedigden wij de Joden aan om ons te helpen door hen te beloven dat Palestina aan hen ter beschikking zou worden gesteld voor kolonisatie en bestuur; en tegelijkertijd sloten wij met Frankrijk de Sykes-Picot-overeenkomst tot verdeling van het grondgebied, die wij onze gouverneur-generaal in Egypte opdroegen aan de Arabieren te beloven. Het verhaal is er een van grove dubbelhartigheid en we kunnen niet ontsnappen aan de afkeuring die volgt.

Wat bedoelde McDonald precies toen hij zei: In die tijd moedigden wij de Joden aan ons te helpen door hen te beloven dat Palestina van hen zou zijn. Hoe moesten de Joden helpen tijdens de oorlog? Door mannen uit Joodse landen te leveren om tegen de Turken te vechten zoals de Arabieren deden? Nee, zo was het helemaal niet. De zionisten leverden geen mankracht om de Britten en Arabieren te helpen in de strijd tegen de Turken. Hoe hebben de Zionisten dan geholpen?

Zij haalden het Amerikaanse Congres over om tegen de wil van 87% van het Amerikaanse volk de oorlog aan Duitsland te verklaren. Daartoe beloofden de Britten, met medeplichtigheid van de Verenigde Staten, achter de rug van de Arabieren en andere Palestijnse inwoners, wier voorouders al 7000 jaar in Palestina woonden, Palestina aan de zionisten, hoewel geen enkele internationale wet hen daartoe machtigde.

Slechts een paar stemmen gingen op om te protesteren tegen wat Arnold Toynbee "de ramp" noemde. Verschillende schrijvers, waaronder Olivia Maria O'Grady, sloten zich aan bij het protest tegen het Sykes Picot verdelingsplan dat leidde tot de "Balfour Declaration":

> Tijdens de oorlog verkondigden Engeland en zijn bondgenoten

voortdurend dat ze vochten voor de vrijheid van de wereld. Wat voor soort vrijheid staat er in de Balfour Verklaring? Welk recht had Groot-Brittannië om over het land van een ander volk te beschikken? Op welke morele basis kan een natie proberen een nationaal huis te vestigen voor een vreemd volk op het grondgebied van een ander volk? Palestina behoorde niet toe aan Groot-Brittannië.

Arnold Toynbee was een geliefd Brits historicus en een prominent publiek figuur, die universele bijval kreeg voor zijn tiendelige *A Study of History,* een uitgebreid heronderzoek van de menselijke ontwikkeling in het licht van de idealistische geschiedenisfilosofie.

Niemand zou McDonald, Toynbee en Lawrence of Arabia dus "anti-joods" of "antisemitisch" durven noemen, een dreigement dat zoveel gelijkgestemden ervan had weerhouden de dubbelhartigheid van de Britse regering, zoals uitgedrukt in de illegale Balfour Declaration, aan de kaak te stellen. Toynbee uitte zijn woede over het Arabische verraad van Palestina in *A Study of History.*

> Terwijl de directe verantwoordelijkheid voor het onheil dat de Palestijnse Arabieren in 1948 trof, lag bij de zionistische joden die zich dat jaar gewapenderhand een Lebensraum in Palestina toe-eigenden, lag een zware indirecte verantwoordelijkheid bij de bevolking van het Verenigd Koninkrijk, want de zionisten zouden in 1948 niet de gelegenheid hebben gehad een Arabisch land te veroveren waarin zij in 1918 slechts een te verwaarlozen minderheid vormden, indien, gedurende de dertig jaar die volgden, de macht van het Verenigd Koninkrijk niet voortdurend was uitgeoefend om de binnenkomst van Joodse immigranten in Palestina mogelijk te maken, tegen de wil in, ondanks de protesten en zonder rekening te houden met de verwachtingen van de Arabische inwoners van het land die in 1918 het slachtoffer zouden worden van deze langdurige Britse politiek.

Lawrence of Arabia (Kolonel Lawrence), die nog minder kon worden beschuldigd van anti-Joodse vooringenomenheid of bestempeld als "antisemiet", zweeg niet over het verraad van zijn inzet voor de Arabieren:

Als we de oorlog wonnen, bleven de beloften aan de Arabieren onvervuld. Toch was Arabische inspiratie ons belangrijkste instrument om de oorlog in het Oosten te winnen. Dus verzekerde ik hen dat Engeland haar woord hield in letter en geest. Met die verzekering bereikten ze hun grote dingen; maar natuurlijk, in plaats van trots te zijn op wat we samen deden, was ik uiteindelijk bitter beschaamd.

Andere stemmen voegden zich bij wat Lawrence had uitgedrukt als een gevoel van totaal verraad, waaronder O'Grady:

> Kolonel Lawrence had goede redenen om zich te schamen. Terwijl de Arabieren vochten en stierven voor Engeland, verhandelde de Britse minister van Buitenlandse Zaken, Arthur Balfour, Palestina voor een Joodse belofte om de Verenigde Staten aan de Britse kant in de oorlog te betrekken. Naast dit verraad kwamen Engeland en Frankrijk, onder de voorwaarden van het Sykes-Picot Verdrag, overeen om de Arabische landen aan het eind van de oorlog onder elkaar te verdelen.

Ik heb maandenlang over Toynbee's verklaring nagedacht, omdat het, gezien zijn achtergrond en connecties, hoogst onwaarschijnlijk was dat hij ook maar enige kritiek zou uiten op de zionisten of zijn mentoren, Rockefeller en Rothschild.

Volgens documenten in de dossiers van het War Office (en kopieën in het British Museum) was Toynbee de protegé van Lord Bryce, een aanhanger van filosofische radicalen. Toynbee trad in de voetsporen van Bryce door een artikel te schrijven voor de Encyclopedia Britannica, 9e editie.

Het artikel was getiteld *German Terror in France: A Historical Record* en was een ongegeneerde oefening in anti-Duitse propaganda, gepubliceerd in New York in 1917. Het was duidelijk een aansporing om president Wilson te helpen in zijn strijd om Amerika de oorlog in Europa in te slepen. Hoewel geen van de beschuldigingen van Duits geweld bewezen kon worden, werd het artikel algemeen als waar aanvaard.

Dit is precies het soort rechtvaardiging dat Wilson nodig had van een collega van het Balliol College, Oxford, om uit te leggen waarom Amerika zijn zonen moest sturen om in Frankrijk te sterven "om de wereld veilig te maken voor de democratie".

De volgende keer horen we van Toynbee wanneer hij wordt benoemd tot lid van de Britse delegatie voor de vredesconferentie van Parijs, een weinig verheffende positie die hij op het spel zet wanneer hij zijn toekomst uitstippelt bij het Royal Institute for International Affairs, de tak van het Comité van 300 die zich bezighoudt met buitenlands beleid.

Als zodanig moet Toynbee goed op de hoogte zijn geweest van de beloften aan de Sheriff van Mekka, Hussein bin Ali en kolonel Lawrence, en de mate waarin het daaropvolgende verraad van het vertrouwen van deze twee mannen de Britse overwinning op de Turken mogelijk heeft gemaakt.

Toynbee was de auteur van een belangrijk werk, waarin hij pleitte voor één enkele autoritaire wereldregering, waarvan een exemplaar door kolonel House aan president Wilson werd gegeven en waarop veel van de dictaten van Wilson en het Royal Institute for International Affairs waren gebaseerd. Ik ontdekte dat Toynbee voor een kwart miljoen dollar werd gefinancierd, maar er was geen directe aanwijzing dat hij ook werd gefinancierd door de Rothschilds, hoewel er een verband kan zijn geweest, aangezien House de instructies gaf die Wilson moest volgen op de conferentie van de Volkenbond.

Hier ligt de kiem van de ramp, de oorsprong van de onrust in Palestina die tot op heden voortduurt, en weldenkende mensen, zoals orthodoxe Naturei Karta Joden, kenden het goed verborgen verhaal van Rothschild en Balfour's uitverkoop van de Arabieren, vervat in dit document. Orthodoxe Naturei Karta Joden zijn het niet eens met het concept van een "Joods thuisland". Deze nobele orthodoxe joodse beweging is tegen een zionistische aanwezigheid in Palestina.

De christenen in Europa en Amerika zijn vervallen in een toestand van onverschilligheid ten aanzien van het lot van de "andere" inwoners van Palestina. Dit eert hen niet en getuigt niet van de christelijke ethiek van fair play die in de woorden van Christus besloten ligt:

"Doe anderen aan zoals je wilt dat ze jou aan doen".

Door de eeuwen heen hebben filosofen, historici en geleerden zich de vraag gesteld: Waarom blijkt uit de geschiedenis van oorlogen dat deze altijd worden begonnen door de zogenaamde "elite", de heersers van de naties? Eén reden, aangevoerd door Henry Clay, is dat wanneer er onvrede is onder de bevolking, de buitenlandse dreiging wordt gebruikt als voorwendsel om deze onrust te onderdrukken.

De tweede reden, en misschien wel de belangrijkste, is dat alle oorlogen een economische oorsprong hebben. Aangezien het bankwezen en de financiën in handen zijn van de elite, is bekend dat zij oorlogen beginnen om economisch gewin. Bijvoorbeeld, de internationale bankiers oogstten enorme fortuinen in de Eerste Wereldoorlog. De Rothschilds maakten enorme winsten door beide zijden van de Amerikaanse Burgeroorlog te financieren.

Er is ook de theorie van Bertrand Russell dat oorlogen de bevolking doen afnemen. In de ogen van het Comité van 300 telt de wereld te veel mensen, die de natuurlijke hulpbronnen van de planeet in een alarmerend tempo uitputten. De oplossing, volgens Russell, is zich te ontdoen van wat hij noemt de "nutteloze eters", die op regelmatige tijdstippen moeten worden geruimd.

De tien miljoen doden van de Eerste Wereldoorlog waren niet genoeg om Russell tevreden te stellen, die stelde dat er regelmatig plagen en pandemieën moesten worden ingevoerd om de "nutteloze eters" die aan de oorlogen waren ontsnapt, te elimineren. De AIDS-pandemie werd opzettelijk ingevoerd in de hoop dat ze miljoenen mensen uit de "overtollige bevolking" zou elimineren.

De elite heeft manieren bedacht om haar leden te beschermen tegen plagen, getuige de succesvolle strijd tegen de Zwarte Dood pandemie in de Middeleeuwen. Als het gaat om militaire dienst, zoals die waar infanteristen mee te maken krijgen, heeft de elite een reputatie van succesvolle vermijdingstactieken, zoals blijkt uit de staat van dienst van president G. W. Bush en vice-president Richard Cheney. Dit zijn geen geïsoleerde gevallen, maar zijn in overvloed te vinden in de archieven van alle naties.

HOOFDSTUK 15

Een sluw dubbel discours

William Langer, Coolidge Professor of History, Emeritus van Harvard University, vatte de politieke situatie in 1915 als volgt samen:

> "Campagnes in Aziatisch Turkije, 1916-1917... Palestina zou onder internationaal bestuur worden geplaatst. 9 mei 1916, Sykes-Picot Akkoord tussen Groot-Brittannië en Frankrijk... de in het bovengenoemde akkoord genoemde gebieden zullen worden bestuurd door Frankrijk en Groot-Brittannië, terwijl de rest van Arabië zal worden verdeeld in Franse en Britse invloedssferen, maar georganiseerd als een Arabische staat of federatie van staten."

In een klassiek understatement voegde professor Langer er vervolgens aan toe:

> "Deze overeenkomsten waren niet geheel verenigbaar met andere overeenkomsten met Arabische leiders, die inderdaad niet met elkaar verenigbaar waren.

Met andere woorden, er zijn twee verschillende mandaten vastgesteld, met twee reeksen doelstellingen, waarvan de ene volledig onbekend is bij de Arabieren.

Is er enig bewijs dat dergelijke acties van een Amerikaanse president ooit zijn goedgekeurd? Stond de Amerikaanse grondwet Wilson toe om zijn onderhandelingen, hoofdzakelijk in de privésfeer, te voeren met particulieren die niet officieel door hun regering waren gesanctioneerd? Het antwoord op deze vragen moet nee zijn. De gevolgen voor de Amerikaanse regering en het Amerikaanse volk waren aanzienlijk en vernederend. Bovendien is aan het Amerikaanse volk nooit uitgelegd waarom de Balfour Declaration ter aanvaarding aan Lionel Rothschild werd voorgelegd, aangezien hij geen officiële functie bekleedde? Alleen al daarom was en is de Balfour Declaration een misleidend document. Het is duidelijk dat de Britse regering toen al een dubbel spel begon te spelen met de Arabieren en hun briljante Britse leider, kolonel Thomas Edward Lawrence, beter bekend als "Lawrence of Arabia".

Professor Langer gaat dan twee jaar terug naar 31 oktober 1914 en geeft een volledig verslag van de geografische positie van de Arabieren, en wat Groot-Brittannië deed om te proberen de overwinning uit de kaken van de nederlaag te grissen in de oorlog in het Midden-Oosten:

> "Lord Kitchener (bevelhebber van de Britse strijdkrachten) had Hussein, de hoge sheriff van Mekka, een voorwaardelijke garantie van onafhankelijkheid aangeboden. De onderhandelingen tussen de sheriff en de Britse regering begonnen in juli 1915. Op 30 januari 1916 aanvaardden de Britten de voorwaarden van Hoessein, waarbij de precieze status van Bagdad en Basra en de Franse invloedssfeer in Syrië onbepaald bleven."

Er zij op gewezen dat hier geen sprake is van een "Joods thuisland" in Palestina dat voorbehouden is aan de Joden.

> "Op 5 juni 1916 begonnen de Arabische opstanden in de Hedjaz en een aanval op het Turkse garnizoen in Medina.
>
> Op 7 juni riep Hoessein de onafhankelijkheid van de Hijaz uit en gaf het (Turkse) garnizoen van Medina zich over.
>
> Op 29 oktober werd Hoessein uitgeroepen tot koning van alle Arabieren. Hij riep de Arabieren op om oorlog te voeren tegen de Turken.
>
> Op 15 december erkende de Britse regering Hoessein als koning van de Hijaz en van alle Arabieren. Het was vooral om de Arabische opstand te versterken dat Sir Archibald Murray (commandant in Egypte sinds 19 maart 1916) besloot tot een voorzichtig offensief in de Sinaï en Palestina. Bij al deze herzieningen en militaire acties werd in de onderhandelingen en overeenkomsten tussen de Britse regering en de Arabieren nooit gesproken over een "Joods huis" in Palestina. Het is zeker veilig

om aan te nemen dat als dit wel was genoemd, de Arabieren het zonder meer zouden hebben geweigerd en El Arish nooit zouden hebben ingenomen. De meeste historici zijn het eens over dit essentiële punt.

Op 21 december 1916 namen de Britten El Arish in, na de aanleg van een spoorweg en een pijpleiding door de woestijn. Op 17-19 april 1917 werden de Britten met zware verliezen afgeslagen door een gecombineerde strijdmacht van Turken en Duitsers. Op 28 juni werd Murray vervangen door Sir Edmund Allenby.

Op 6 juli verscheen de spectaculaire oorlogsheld, kolonel Thomas E. Lawrence, die de Arabische beweging op gang bracht en Akaba innam, waarmee de briljante aanvallen op de Turkse garnizoenen en vooral op de bewakers van de Hijaz-spoorweg, de belangrijkste schakel in de Turkse communicatie, begonnen. De geschiedenis bevestigt dat al deze gevechten langs de Hijaz en Aqaba spoorweg uitsluitend werden uitgevoerd door Arabische troepen onder het bevel van Lawrence. Er waren geen Britse troepen betrokken bij deze belangrijke campagnes en er wordt geen melding gemaakt van enige deelname door Joodse troepen. Langer en andere historici geven grif toe dat de Britten zonder Arabische hulp Turkije niet uit Arabië en Palestina hadden kunnen verdrijven. In feite waren het de Arabieren, onder leiding van Lawrence, die de Turken uit Arabië en Palestina verdreven. Het is volkomen onlogisch te geloven dat de Arabieren onder Lawrence en zijn beloften dat deden in de wetenschap dat een 'Vaderland voor de Joden' de beloning voor hun strijd zou zijn."

Langer zegt verder:

Aan het Palestijnse front was de nieuwe Britse bevelhebber, generaal Edmund Allenby, in oktober 1917 aan zijn opmars begonnen... Op 9 december nam Allenby Jeruzalem in. De Britse opmars werd vertraagd door het feit dat Allenby gedwongen was grote contingenten van zijn leger naar Frankrijk te sturen om de crisis aan het Franse front, waar het Britse leger met zware verliezen was verslagen, het hoofd te bieden en de zegevierende Duitse opmars tegen te houden. Het Britse leger beval de terugkeer van al zijn troepen die in Mesopotamië en Turkije vochten naar het Duitse en Franse front om de opmars van Franse en Duitse troepen naar Europa te helpen afremmen.

Ik vermoed dat er geen Britse troepen meer in Palestina waren, behalve een paar garnizoens- en bevoorradingstroepen, waarvan de overgrote meerderheid op 18 maart 1918 naar Frankrijk was gestuurd. Langer's bewering dat de Britse troepen materieel werden geholpen door de Arabieren is onjuist. Het waren de Arabische troepen, geholpen door enkele Britse troepen die achterbleven nadat het Britse hoofdleger naar Frankrijk was gestuurd, die de meeste gevechten leverden. Langer voegt eraan toe dat de Britse troepen een einde maakten aan de Turkse aanwezigheid in Palestina. Ik suggereer dat zijn verhaal overduidelijk onjuist is.

Het waren Arabische troepen die een einde maakten aan de Turkse aanwezigheid in Palestina. Geen Franse, Britse of Joodse troepen waren aanwezig tijdens de grote veldslagen in Palestina. Dat is een onbetwistbaar feit. Toynbee en Lawrence waren ontzet en uitten hun verontwaardiging over Langer's verslag in The *Times* of London en verklaarden dat het vals was. Het is duidelijk dat Allenby, ontdaan van zijn Britse troepen, moest vertrouwen op Arabische troepen om zijn campagne tegen de Turken voort te zetten, wetende dat de slagvaardige Arabieren de Turken uit Palestina zouden verdrijven in hun campagne van 8 september 1918. Langer verklaart:

> De Britten braken door de Turkse linies bij de Middellandse Zee en begonnen de vijandelijke troepen te verpletteren. De Britse troepen, materieel geholpen door de Arabieren onder Lawrence, waren nu in een positie om naar het noorden door te stoten.

Ook hier tracht Langer de sleutelrol van de Arabische strijdkrachten, die de meeste gevechten hebben geleverd, te bagatelliseren. Op bladzijde 316 van haar boek geeft de historicus O'Grady haar mening over de gebeurtenissen in Palestina:

> Nu het Britse leger het Heilige Land binnentrok, begonnen de Joodse vooruitzichten op Palestina in handen van de keizer te vervagen. Als Groot-Brittannië de Joden een voet aan de grond zou geven in Palestina, zouden ze voor Groot-Brittannië werken. De onderhandelingen met de Britse regering begonnen in februari 1917, met Sir Mark Sykes als belangrijkste

tussenpersoon. Op 2 november 1917 bracht Lord Balfour de resultaten van de geheime onderhandelingen en uitgebreide communicatie tussen particulieren in de Verenigde Staten terug in een brief aan Lionel Rothschild, de ongekroonde koning van Israël.

Deze brief, die bekend werd als de "Verklaring van Balfour", luidt als volgt:

> Geachte Heer Rothschild, Met groot genoegen doe ik u namens de regering van Hare Majesteit de volgende verklaring van sympathie voor de joodse zionistische aspiraties toekomen, die is voorgelegd aan en goedgekeurd door het kabinet.
>
> De regering van Zijne Majesteit beschouwt de vestiging in Palestina van een nationaal thuisland voor het Joodse volk met welwillendheid en zal al het mogelijke doen om de verwezenlijking van dit doel te vergemakkelijken, met dien verstande dat niets zal worden gedaan dat afbreuk kan doen aan de burgerlijke en godsdienstige rechten van de niet-joodse gemeenschappen in Palestina of aan de rechten en de politieke status die de Joden in enig ander land genieten. Ik zou het op prijs stellen als u deze verklaring onder de aandacht van de Zionistische Federatie zou willen brengen.

De Joden trachtten het niet-Joodse publiek te doen geloven dat Lord Balfour, die de "rechtvaardigheid" van hun zaak inzag, de verklaring schreef nadat hij het idee had "verkocht" aan de Britse regering. Over de publicatie van de brief zeiden de Zionisten:

> De Balfour Declaration wordt terecht de "Balfour Declaration" genoemd, niet alleen omdat Sir Arthur Balfour als minister van Buitenlandse Zaken de historische brief heeft opgesteld, maar ook omdat hij, meer dan enig ander staatsman, verantwoordelijk is voor het beleid dat in de Declaration is vervat.

Om eerlijk te zijn tegenover het Joodse volk, heb ik gezocht, maar kon geen enkele verwijzing vinden naar Lawrence of Arabia of Sheriff Hussein, of een van de leiders van het volk dat in Palestina leeft, die door Balfour of Sykes zijn geraadpleegd, hoewel er ijverig is gezocht om te zien of dit misschien was vastgelegd en aan de aandacht van onderzoekers was ontsnapt, maar dat was niet het geval. Verder met O'Grady:

En natuurlijk is niets minder waar. Het originele ontwerp werd geschreven door de Joden zelf. Wie was rechter Brandeis die het schreef? Brandeis was een uiterst linkse socialist in de Amerikaanse Democratische Partij, een rechter van het Amerikaanse Hooggerechtshof en lid van verschillende zionistische organisaties. Tijdens de onderhandelingen van Arthur Balfour en Lord Rothschild, waarbij Sherif Hussein of Lawrence of Arabia nooit betrokken waren, trad Brandeis op als Amerikaans staatsburger en was hij nooit gemachtigd door het Congres of het State Department om op te treden als woordvoerder van de Amerikaanse regering.

De historicus O'Grady zegt verder dat "President Wilson het goedkeurde". Dit roept belangrijke vragen op: Toen Wilson betrokken raakte bij de "besprekingen" tussen Brandeis, Lionel Rothschild, Lord Balfour en de Amerikaanse Zionistische Partij, handelde hij toen in een andere hoedanigheid dan die van president?

* Zo niet, handelde Wilson officieel in zijn rol als president van de Verenigde Staten?

* Keurde het Congres de acties van Wilson goed?

* Zo ja, was Wilson door een resolutie van het Amerikaanse Congres gemachtigd om in welke hoedanigheid dan ook op te treden?

President Wilson keurde het goed, waarna het ter ondertekening aan Balfour werd voorgelegd. Geen gebeurtenis in de geschiedenis van de Verenigde Staten is vernederender. Er is geen verklaring waarom de Verklaring werd geschreven door Brandeis, die geen overheidsfunctie bekleedde, en vervolgens werd voorgelegd aan Lionel Rothschild, die geen officiële functie bekleedde in de Britse regering. (Maria O'Grady)

De activiteiten achter de schermen die plaatsvonden worden toegelicht door Dr. Jacob de Haas, in zijn biografie van Justice Brandeis:

Een aanzienlijk aantal ontwerpen [van de Verklaring van Balfour] werd in Londen opgesteld en via kanalen van het Ministerie van Oorlog naar de Verenigde Staten gestuurd voor gebruik door het Amerikaanse Zionistische Politieke Comité.

Het Amerikaanse overwicht in de oorlogsraden bracht de Britten ertoe om president Wilson om toestemming en goedkeuring van de taal van de Verklaring te vragen vóór publicatie.

Het ontwerp dat van regering tot regering werd doorgezonden, werd ter goedkeuring voorgelegd aan het Brandeis-regime. Na een hoogst noodzakelijke herziening gaf President Wilson, via Kolonel House, die volledig met de zionistische doelstellingen sympathiseerde, toestemming voor de verzending aan de Britse regering van de versie die werd gepubliceerd en waaraan alle geallieerde regeringen op hun beurt hun goedkeuring gaven.

Het "Brandeis-regime" verwijst naar het voorlopige zionistische comité voor algemene zaken waarvan Brandeis voorzitter was. Kunt u, de lezer, zich dat voorstellen? Kabelteksten, de Verenigde Staten, het Britse Ministerie van Oorlog, allemaal werkend voor de Zionisten! Wat een enorme macht hebben zij!

Nogmaals, er is geen sprake van enig overleg met Hoessein, Lawrence, de Arabische leiders of het volk van Palestina, noch lijkt het erop dat het Amerikaanse Congres op de hoogte was van de geheime onderhandelingen tussen het Brandeis Comité van de niet-Amerikaanse regering en Lord Rothschild, Wilson en Balfour. Alleen de Zionisten werden geraadpleegd.

De meeste studenten van Joodse intriges vermoedden Britse en Joodse plannen en doelstellingen achter de Verklaring van Balfour. Hoewel de Verenigde Staten al bijna zeven maanden in oorlog waren toen de Verklaring openbaar werd gemaakt, bleef het belang ervan als factor waarbij de Verenigde Staten betrokken waren niet onopgemerkt.

Er was voldoende bewijsmateriaal om definitieve conclusies te trekken. Overheidsonderhandelingen voor dit soort transacties zijn echter altijd geheim, en het is doorgaans zeer moeilijk om op het moment van de transactie sluitend bewijsmateriaal te verkrijgen.

Wanneer de gebeurtenis onherstelbaar is en verloren is gegaan in de nevelen van de tijd, hebben mannen de neiging hun memoires te schrijven en op te scheppen over geheime heldendaden die ooit de wereld schokten. Dat was het geval met de heer Landman. Hij was ere-secretaris van de Tweede Gezamenlijke Zionistische Raad van het Verenigd Koninkrijk, redacteur van de *Zionist* en secretaris en advocaat van de Zionistische Organisatie. Later was hij juridisch adviseur van de New Zionist Organisation.

Onder de titel "Great Britain, the Jews and Palestine", gepubliceerd in de *London Jewish Chronicle* op 7 februari 1936, schreef de heer Landman gedeeltelijk het volgende:

> Tijdens de kritieke dagen van de oorlog in 1916, toen Russisch overlopen dreigde en de Joodse opinie algemeen anti-Russisch was, in de hoop dat Duitsland, als het zou overwinnen, hen onder bepaalde omstandigheden Palestina zou geven, werden door de Geallieerden verschillende pogingen ondernomen om Amerika aan hun kant in de oorlog te krijgen. Deze pogingen waren niet succesvol.
>
> De heer George Picot, van de Franse Ambassade in Londen en Gout van de Oostelijke Sectie van de Quai d'Orsay, die in die tijd in nauw contact stond met wijlen Sir Mark Sykes van het Cabinet Office, greep de gelegenheid aan om de vertegenwoordigers van de Britse en Franse regering ervan te overtuigen dat de beste en misschien de enige manier om de Amerikaanse president ertoe te bewegen aan de oorlog deel te nemen was de medewerking van de Zionistische Joden te verkrijgen door hun Palestina te beloven.
>
> Op die manier zouden de geallieerden de tot dan toe onvermoede macht van de zionistische joden in Amerika en elders mobiliseren ten gunste van de geallieerden, op basis van een quid pro quo. President Wilson hechtte destijds het grootste belang aan het advies van rechter Brandeis.
>
> Sir Mark kreeg toestemming van het Oorlogskabinet om de heer Malcolm toe te staan de Zionisten op deze basis te benaderen, noch Mark Sykes noch de heer Malcolm wisten wie de Zionistische leiders waren, en het was de heer L.J. Greenberg tot wie de heer Malcolm zich moest wenden... De Zionisten hadden hun rol vervuld en geholpen Amerika binnen te halen, en de Balfour Verklaring van 2 november 1917 was slechts de openbare bevestiging van de mondelinge overeenkomst van 1916.
>
> Deze mondelinge overeenkomst werd gesloten met de voorafgaande instemming en goedkeuring, niet alleen van de

Britse, Franse, Amerikaanse en andere geallieerde regeringen, maar ook van de Arabische leiders... Zoals elders reeds uitvoerig is uiteengezet, wisten Dr. Weitzman en de heer Sokolow dat de heer James Malcolm naar hen was gekomen als afgezant van het Britse Oorlogskabinet, dat hem had gemachtigd om namens hen te zeggen dat Engeland Palestina aan de Joden zou geven in ruil voor zionistische hulp. James Malcolm was naar hen toegekomen als afgezant van het Britse oorlogskabinet, dat hem had gemachtigd namens hen te zeggen dat Engeland Palestina aan de Joden zou geven in ruil voor zionistische hulp, via rechter Brandeis, om de Verenigde Staten ertoe te bewegen de geallieerden te hulp te komen. Zowel Sir Mark Sykes als de heer Malcolm lieten de Arabische vertegenwoordigers in Londen en Parijs weten dat zonder Amerikaanse hulp de vooruitzichten op een Arabische staat na de oorlog problematisch waren, en dat zij daarom Palestina moesten teruggeven aan de Joden in ruil voor hun hulp om de Verenigde Staten tot interventie te bewegen.

Na veel ijverig zoeken heb ik de namen van de "Arabische vertegenwoordigers in Parijs en Londen" die op de hoogte zouden zijn gebracht van het complot om verder te gaan dan de beloften aan Hoessein bin Ali, Sheriff van Mekka en Medina, en Kolonel Lawrence, niet kunnen vinden, en de heer Landman noemt deze mysterieuze "Arabische vertegenwoordigers" niet. Dit roept de vraag op "waarom niet?" Als hij alle anderen bij naam noemt, waarom blijven de "Arabische vertegenwoordigers" dan anoniem?

Wat overduidelijk is, is dat noch Lawrence noch Hoessein bin Ali op de hoogte waren van wat er gaande was, hoewel zij hun leven en dat van hun mannen riskeerden in de oorlog tegen Turkije, en dat er geen documenten zijn gevonden waaruit blijkt dat deze twee mannen op de hoogte waren van de geheime onderhandelingen met de Zionisten en dat hen was gevraagd hun vertegenwoordigers naar Londen en Parijs te sturen. De Zionisten waren op de hoogte, maar niet het Amerikaanse volk over wiens rug de oorlog zou worden gevoerd.

HOOFDSTUK 16

Het "perfide Albion" doet zijn reputatie eer aan...

In ieder geval wisten Lawrence en Hussein bin Ali, net als het gewone Amerikaanse volk, niets van wat Ramsey McDonald noemde "een drievoudige deal" die achter hun rug om werd gesloten. En toen Wilson tegen de wil van de overgrote meerderheid van het volk in Amerika bij het Europese conflict betrok, was zijn afgezaagde excuus dat de oorlog een kruistocht was "om de wereld veilig te maken voor de democratie". Wilson's verraad leeft voort. Dr. Bella Dodd schreef in 1930 dat het onder Wilson zo slecht ging dat hij vond dat "de moderne geschiedenis grotendeels een samenzwering tegen de waarheid is". (*De samenzwering tegen God en de mens*, pagina 9)

Ik ontdekte dat zonder de steun van Baron Edmond Rothschild de Russische zionistische nederzettingen in Rison, Zikron en Rosh Pina zouden zijn mislukt en er vrijwel geen Joodse aanwezigheid in Palestina zou zijn geweest. Dit was een belangrijk onderdeel van de Rothschild-strategie om de schijn te wekken dat er al Joden in Palestina woonden - een uitvlucht die werkte.

Rothschild hielp ook bij de oprichting van twee nieuwe kolonies, Ekron en Medull. In totaal bestonden er tegen het einde van de eeuw eenentwintig landbouwkolonies, maar Rothschild had geen vertrouwen in de capaciteiten van de kolonisten en stond erop rechtstreeks toezicht en controle over de kolonies te houden. Hubert Herring vat in zijn boek *And So to War* de prijs samen die de Verenigde Staten moesten betalen zodat de zionisten Palestina konden krijgen:

> We hebben voor de oorlog betaald. We hebben betaald met de levens van 126.000 doden, 234.300 verminkten en gewonden. Wij hebben betaald met de ontwrichte levens van honderdduizenden mensen die door de oorlog van hun gebruikelijke plaats in een vreedzame wereld zijn beroofd. Wij hebben betaald met de onmetelijke schade die ons nationaal moreel is toegebracht door de zweepslagen van de oorlogshysterie. We hebben ervoor betaald met een periode van economische verwarring waar we nog niet uit zijn. De directe kosten van de oorlog bedroegen vijfenvijftig miljard dollar. De indirecte rekening kan nooit worden berekend.

En wat kregen de Zionisten ervoor terug? Voor zover ik kon zien, helemaal niets. Een interessante bijkomstigheid is dat Herzl er niet in slaagde de zegen van Paus Pius X te krijgen voor Joodse immigratie naar Palestina:

> We kunnen deze beweging niet aanmoedigen. We kunnen de Joden niet tegenhouden om naar Jeruzalem te gaan, maar we kunnen het nooit zegenen.

Volgens *A History of Zionism*, blz. 129-130, vond de uitwisseling plaats tijdens een ontmoeting met de Paus in 1903, wat betekent dat Lord Arthur Balfour wist van de sterke oppositie van de Katholieke Kerk tegen de Zionistische immigratie naar Palestina lang voordat hij de verklaring ondertekende, maar niemand informeerde. Het patroon van dubbel handelen was dus al duidelijk in 1903.

Het katholieke verzet tegen Israël kan hebben bijgedragen aan de gewelddadige haat van de Rothschilds tegen Rusland, dat een grote christelijke bevolking heeft.

Herzl, de vader van het zionisme, stierf op 44-jarige leeftijd. Volgens *A History of Zionism kon* hij nooit erg goed opschieten met de Rothschilds of met orthodoxe Joden, waarvan de leidende rabbijnen zijn autocratische stijl niet konden waarderen. Herzl wilde altijd over alles het laatste woord hebben.

> Zoals Herzl's critici hebben opgemerkt, was er weinig specifiek Joods aan Herzl. Dit is misschien het duidelijkst in zijn visie op de Joodse staat...

Herzl had een moderne, technologisch geavanceerde en verlichte staat voor ogen, verlicht door de Joden, maar niet specifiek een Joodse staat (*A History of Zionism*, blz. 132-133).

Men kan moeilijk beweren dat Herzl geïnteresseerd was in Palestina als religieus "thuisland" voor Joden, vooral gezien het feit dat de meeste nieuwe kolonisten uit Rusland kwamen en geen eerdere band met Palestina hadden en dat er geen geschiedenis was van Russische Joden die daar hadden gewoond of een bepaalde religie aanhingen.

Lacquer maakt dit heel duidelijk. Lord Chamberlain bood aan een "thuisland" voor de Joden in Oeganda te creëren, hoewel het geen land was dat door de Britse regering zou worden gegeven. Chamberlain vertelde Herzl dat hij Oeganda had bezocht en dacht: Hier is een land voor Dr. Herzl, maar hij wil natuurlijk alleen Palestina of omgeving. Hij had gelijk. Herzl wees het idee van de hand. Zijn fixatie was op Palestina en niets anders zou volstaan. Op 30 mei 1903 schreef hij aan Rothschild: Ik ben niet ontmoedigd. Ik heb al een zeer machtig man om me te helpen. (*A History of Zionism*, Walter Laqueur, blz. 122,123)

Dit was Herzl's ware autocratische stijl in actie. Hoewel ik geen directe banden heb kunnen ontdekken tussen de Rothschilds en Sir Halford Mackinder, blijkt uit correspondentie tussen tussenpersonen dat de twee mannen overleg pleegden over een aantal zaken, niet in de laatste plaats over het opstellen van de blauwdruk voor de toekomstige één-wereldregering, de Nieuwe Wereldorde, die Mackinder moest maken. Als protegé van de London School of Economics, een broeinest van communistische idealen, sloeg Mackinder niettemin een goed figuur als conservatief en hij zou president Wilson tijdens de vredesconferentie van Parijs hebben beïnvloed met betrekking tot de maatregelen die moesten worden genomen om een Nieuwe Wereldorde tot stand te brengen via een mandaat van de Volkenbond. Het lijdt geen twijfel dat de Rothschilds ertoe hebben bijgedragen dat de socialistische droom van de wereld werkelijkheid werd. Een maand na Wilsons aankomst op de Parijse vredesconferentie verscheen Mackinders nieuwe boek, *Democratic Ideals and Reality*. De timing van het boek was geen toeval.

In zijn boek riep Mackinder op tot de oprichting van een Nieuwe Wereldorde (NWO) onder één enkele wereldregering, ogenschijnlijk de Volkenbond. Als dit doel niet kon worden bereikt met vreedzame en vrijwillige middelen, dan zou geweld moeten worden gebruikt.

Mackinder gaf toe dat de Nieuwe Wereldorde weliswaar idealiter een democratische instelling zou zijn, maar dat niet kon worden verwacht dat het soms geen dictatuur zou zijn. De Zionisten beweerden dat de Volkenbond hun concept was en Maria O'Grady verwijst hiernaar in haar boek waar zij stelt:

> President Wilson werd omringd door de Joodse financiële broederschap, hier en daar geduwd door de sinistere Colonel House en geadviseerd door de zionistische Brandeis. (Pagina 342)

De Zionisten waren een groot voorstander van het concept van de Volkenbond en claimden het als hun creatie:

> Het Genootschap is een Joods idee," zei Nahum Sokolow op de conferentie in Carlsbad. We hebben het opgericht na een strijd van 25 jaar.

Een uiteindelijke wereldregering gedomineerd door socialisten is lang het doel geweest van het socialisme, en het is bekend dat dit concept de voorkeur genoot van de Rothschilds. Als lid van hun eigen familie werkte Jacob Schiff hard aan de oprichting van een Volkenbond. Hij ontving een gift van 3.000 pond van N.M. Rothschild van de Londense tak van de familie. Zoals we zullen zien, kan er een bijbedoeling zijn geweest, want het Genootschap zou een beslissende rol spelen bij de toekenning van een mandaat voor Palestina aan de Britse regering, een beslissende stap op weg naar de toekenning van een "thuisland" voor de Joden in Palestina. Met dit in gedachten keer ik terug naar Lord Balfour en zijn zogenaamde "Balfour Declaration", gebaseerd op dubbelspel, bedrog en geheime afspraken achter de rug van kolonel Lawrence en de Arabieren.

Balfour legde al snel uit dat een "Joods thuisland" in Palestina niet betekende dat de inwoners van Palestina een Joodse staat werd opgelegd, maar in het licht van de latere gebeurtenissen werd dit het doel van de zionisten. Zoals Balfour het uitdrukte:

> ... maar de ontwikkeling van de bestaande Joodse gemeenschap tot een centrum waarin het Joodse volk als geheel op religieuze en raciale gronden interesse en trots kon tonen.

Wat Balfour verzuimde te zeggen was dat niets wat de Britten deden of zeiden kon verhullen dat Palestina hun niet toebehoorde en dat de Britse regering geen enkel recht had om een mandaat voor Palestina te verkrijgen. Maar Balfour, gesteund door Lord Nathan Rothschild, bleef doorgaan, alsof de twee mannen een inherent recht hadden om te handelen op welke willekeurige manier dan ook.

Lord Balfour ging volledig voorbij aan het recht van Arabieren en andere bevolkingsgroepen, waaronder christenen, dat meer dan 7000 jaar teruggaat. Walter Laqueur, een van de belangrijkste deskundigen op het gebied van het zionisme, bevestigde dat de meeste Joden die krachtens de Verklaring van Balfour Palestina zouden gaan bewonen, afkomstig waren uit Rusland. Zij hadden geen voorafgaande band met Palestina. Laqueur wees er ook op dat de Russische Joden niet erg gelukkig waren met hun ontworteling uit Rusland en hun vertrek naar Palestina:

> De Russische Joden waren verdeeld in hun houding tegenover het zionisme en een Joods nationaal tehuis (een religieus thuisland) en zouden hoe dan ook niet in staat zijn geweest Rusland in de oorlog te houden. Aan de andere kant zouden de geallieerden, om het cru te zeggen, de oorlog ook hebben gewonnen als er geen beloften aan de zionisten waren gedaan.

Wat Laqueur uitlegde, zij het enigszins indirect, was de "deal" die de zionisten met Balfour hadden gesloten, namelijk dat als de zionisten de Verenigde Staten zover konden krijgen dat zij aan de kant van de geallieerden aan de oorlog deelnamen, de Britten in ruil daarvoor een Joods tehuis in Palestina zouden stichten.

> Tijdens een privé-vergadering kort na de goedkeuring van de Balfour Verklaring, antwoordde Balfour op de vraag of hij van

plan was Joodse steun te vragen voor de oorlog, "zeker niet" en legde verder uit dat hij vond dat hij had geholpen een onrecht van wereldhistorische proporties recht te zetten. In 1922 hield Balfour een toespraak waarin hij verklaarde dat de hele Europese cultuur zich schuldig had gemaakt aan grote misdaden tegen de Joden, en dat Groot-Brittannië het initiatief had genomen om hen de kans te geven in vrede de grote gaven te ontwikkelen die zij in het verleden in de landen van de diaspora hadden kunnen toepassen (*A History of Zionism*, blz. 203).

Balfour legde niet uit waarom het legaal werd geacht Palestina aan de Joden te geven terwijl het toebehoorde aan een volk dat er al 7000 jaar woonde, vooral omdat een groot stuk land in Madagascar, evenals land in Oeganda, zonder discussie was aangeboden en afgewezen. Ook legde Balfour niet uit dat zijn grootmoedige gebaar ten gunste van de Joden ten koste zou gaan van de Arabische en andere niet-joodse bevolking van Palestina. Hij legde nooit uit welke banden de meerderheid van de nieuwe kolonisten, afkomstig uit Rusland, had met Palestina.

Volgens Dr. Jacob de Haas moeten vraagtekens worden gezet bij Balfour's altruïstische protesten, omdat het werkelijke motief achter de verklaring was om de Verenigde Staten aan de kant van de geallieerden in de oorlog te krijgen.

Bevestiging van de ware motieven achter de Balfour Verklaring kwam uit een andere goed gefundeerde bron, Congressional Record, 25 april 1939, blz. 6597-6604, waarin een toespraak van Senator Nye in de Amerikaanse Senaat wordt weergegeven:

> Er is een reeks boeken gepubliceerd onder de titel "The Next War". Een van de delen in deze serie is getiteld "Propaganda in de volgende oorlog". Dit deel is geschreven door Sydney Rogerson.
>
> Ik heb geen enkel spoor van zijn achtergrond kunnen vinden; maar de redacteur van al deze boeken, met inbegrip van het boek getiteld "Propaganda in de komende oorlog" is een man wiens naam in de hele wereld wordt erkend als een autoriteit in Groot-Brittannië. Hij is niemand minder dan Captain Liddell Hart, medewerker van de *London Times*, schrijver en militaire autoriteit in Europa.

Ik heb begrepen dat dit specifieke volume getiteld "Propaganda in de volgende oorlog", dat afgelopen najaar is gepubliceerd en in omloop is gebracht, in plaats van dat de omloop ervan is uitgebreid, nu lijdt onder degenen die het uit de omloop willen nemen. Een paar dagen geleden verscheen ik op de vloer van de Senaat met het volume zelf. Het spijt me dat ik het vandaag niet bij me heb. Mij is verteld dat dit het enige beschikbare exemplaar van "Propaganda in de volgende oorlog" is in de Verenigde Staten. Het is beschikbaar, ik kan het lenen als ik het nodig heb in de Senaat, maar het is niet meer makkelijk te krijgen. Ik zou graag het hele boek hebben zodat elk lid van de Senaat het kan lezen.

De volgende citaten komen uit *Propaganda in de Volgende Oorlog*:

Van tijd tot tijd was het de vraag welke kant de Verenigde Staten op zouden leunen. Dan blijven de Joden over. Men schat dat van de 15 miljoen mensen in de wereld, er niet minder dan 5 miljoen in de Verenigde Staten zijn; 25% van de bevolking van New York is Joods. Tijdens de Grote Oorlog kochten we dit enorme Joodse publiek af met de belofte van een Nationaal Tehuis in Palestina, door Ludendorf beschouwd als een propaganda meesterzet, omdat het ons in staat stelde niet alleen Amerikaanse Joden aan te spreken, maar ook Duitse Joden.

George Armstrong legt in zijn boek *The Rothschild Money Trust* uit hoe dit gebeurde:

Het lijdt geen twijfel dat president Wilson voor zijn tweede verkiezing in 1916 ons uit de oorlog hield. Noch is er enige twijfel dat hij werd gekozen op die slogan. Waarom veranderde hij kort na de verkiezing van gedachten? Waarom sloot hij een deal met de Britse regering om de geallieerden te helpen? Dit is tot nu toe een onopgehelderd mysterie.

HOOFDSTUK 17

Een draaimolen van drie beslist over het lot van Palestina

Ramsey McDonald noemde de Verklaring van Balfour een "drievoudig kruis", maar de Volkenbond maakte de eerste van vele fouten toen hij op 23 september 1923 een Brits Mandaat verleende. In de preambule van de Mandaatcommissie werd de Verklaring van Balfour geciteerd en werd in een aantal artikelen, waarvan artikel 22 het meest bindende was, ingegaan op immigratieproblemen en de manier waarop deze zouden worden aangepakt. Nergens wordt de kwestie behandeld van het afstaan door Groot-Brittannië van land dat niet aan haar toebehoort:

> Overwegende dat de Volkenbond verklaart: Overal waar bevolkingsgroepen nog niet in staat zijn zichzelf te onderhouden, moet voor hen een regeringsstelsel worden ingesteld, overeenkomstig de aanvaarde opvatting dat het welzijn en de ontwikkeling van deze volkeren een beangstigend vertrouwen in de beschaving inhoudt.

Voor de onervarene is het misschien niet meteen duidelijk hoe de garanties van Wilson werden kortgesloten, maar wat artikel 23 deed, was de garanties van Wilson voor "zelfbeschikking en onafhankelijkheid" tenietdoen en vervangen door het denkbeeldige recht van de Volkenbond om zich te mengen in de aangelegenheden van soevereine naties en staten. Voor een weldenkend mens moet het dus duidelijk zijn dat de Volkenbond van meet af aan van plan was zich te mengen in de interne aangelegenheden van soevereine naties en staten. Deze immoraliteit en achterbakse politieke manoeuvres werden nog schaamtelozer voortgezet toen de Volkenbond zijn bastaardkind, de Verenigde Naties, ter wereld bracht, die in 1948 Palestina aan de Zionisten toewezen, en daarmee het "onvervreemdbare recht van de volkeren", zoals dat in artikel 22 van de nu al lang vergeten Volkenbond is vastgelegd, geweld aandeden.

Lawrence of Arabia en de Sheriff van Mekka waren ontzet over het verraad van de Britse belofte aan emir Hoessein, die het Turkse leger tot staan had gebracht omdat hij geloofde in Lawrence's beloften dat Groot-Brittannië zich altijd aan zijn woord hield.

Op de Vredesconferentie werden de Arabieren vertegenwoordigd door Emir Faisal, zoon van Sheriff Hoessein. Hij had het bevel gevoerd over de Arabische troepen onder kolonel Lawrence, en was een ondertekenaar van het McMahon-Hussein Verdrag, dat een schriftelijke verzekering gaf dat Groot-Brittannië zijn belofte en toezegging aan de Arabieren met betrekking tot Palestina zou nakomen.

Omdat hij Engels en Frans niet perfect verstond en geen man was die gewend was aan duistere intriges en verraad van zijn woord, begreep Faisal niet wat er aan de hand was, dus deed hij een beroep op Wilson, die een Amerikaanse commissie, de King-Crane Commission, naar Palestina stuurde om een onderzoek in te stellen.

Wat de leden van de King-Crane Commissie aan Wilson rapporteerden was verrassend: Negentig procent van de Palestijnse bevolking was tegen elke Joodse immigratie naar Palestina. Ik citeer uit het rapport van de Commissie:

> Een dergelijk vastberaden volk onderwerpen aan onbeperkte immigratie en voortdurende financiële en sociale druk om hun land op te geven, zou een flagrante schending zijn van de zojuist genoemde beginselen en van de rechten van het volk, hoewel het in overeenstemming zou zijn met de vormen van de wet , met de beste bedoelingen, is het twijfelachtig of de Joden bij christenen en moslims kunnen overkomen als de eigenlijke bewaarders van de Heilige Plaatsen, of de bewaarders van het Heilige Land in zijn geheel.

De Zionisten waren vastbesloten het rapport te begraven. Wilson, die boog voor de Zionisten rondom hem, compromitteerde zijn principes en een vals "mandaatsysteem" verving de "zelfbeschikkingsclausule".

Onder toezicht van de Volkenbond werd een vals "mandaat" voor Palestina toegekend aan de Britten. Wilsons geloof in de "achterlijke" aard van de niet-Europese bevolking overtuigde hem ervan dat zij het mandaatsysteem zouden accepteren. Het rapport van de King Crane Commissie werd terzijde geschoven, waardoor imperialisme en zionisme konden triomferen onder het mom van mandaten. Het rapport van de Commissie is gewoon verdwenen.

Het werd niet gepubliceerd in de *London Times* of de *New York Times*, noch werd het opgenomen in de werkzaamheden van het Huis en de Senaat. Ik herhaal, het verdween gewoon! Maar gelukkig voor "het onvervreemdbare recht van volkeren op zelfbeschikking" werd het rapport gepubliceerd in een kleine publicatie genaamd "Editor and Publisher". Hoe en waarom is het "verdwenen"? Lezers kunnen hun eigen conclusies trekken, die vrij duidelijk zijn.

> Toen rechter Brandeis hoorde dat de Britse ambtenaren die het mandaat beheerden de Joden niet gunstig gezind waren, vertrok hij onmiddellijk naar Palestina, vergezeld van zijn biograaf, Dr. de Haas. Bij hun aankomst in het Heilige Land bleek dat de berichten maar al te waar waren. Dr. de Haas schreef dat de Britse opperbevelhebber en de militaire en civiele helpers de Balfour-verklaring als een vergeten episode van de oorlog beschouwden. De rechter van het Amerikaanse Hooggerechtshof sprak Balfour rechtstreeks aan.

Een aanvullende opmerking: ik sta erop dat een Amerikaanse opperrechter naar Palestina is gegaan om een Britse ambtenaar, een minister van Buitenlandse Zaken nota bene, te vermanen en te eisen dat de Palestijnse regering wordt berispt! Wie gaf deze niet-Amerikaanse ambtenaar, die de Amerikaanse regering niet vertegenwoordigt, deze autoriteit? Door dit arrogante machtsvertoon intimideerde Brandeis iedereen die zich verzette tegen het zionistische beleid voor Palestina.

> Enkele uren later herinnerde het Britse ministerie van Buitenlandse Zaken de militaire autoriteiten in Egypte en Palestina niet alleen aan de verbale inhoud van de Balfour Declaration, maar ook aan het feit dat de kwestie een "matter of judgement" was, d.w.z. zeer actueel.
>
> Een aantal Palestijnse functionarissen verzocht om wenselijke uitwisselingen en kolonel Meinertzhagen, een overtuigd zionist, werd naar Palestina gestuurd. Er waren geen protesten, geen politieke agitatie. Brandeis' directe actiediplomatie had gewerkt. (Dr Jacob de Haas, biograaf van Justice Brandeis)

Hoe kan iemand zonder officiële status in de regering, zonder officiële positie, naar Palestina en Groot-Brittannië gaan en eisen dat de zionisten worden gehoorzaamd? Misschien moet ik op mijn schreden terugkeren en enkele draden verbinden.

Het is een feit dat toen Brandeis naar Balfour ging, Balfour onmiddellijk contact opnam met Lord Nathan Rothschild, die blijkbaar het groene licht gaf voor de stappen die Balfour zei te willen ondernemen. Naar mijn mening is er dus een duidelijk verband tussen de vooruitgang van de zionistische plannen voor Palestina en Lord Rothschild, wat ons rechtstreeks terugvoert naar Balfour en vervolgens naar Brandeis.

* De Arabische wrok werd gewelddadig in 1929;

* De controverse tussen Joden en Arabieren over de rechten op de Klaagmuur in de Tempel van Herodes mondt uit in een open conflict;

* Christelijke Arabieren sluiten zich aan bij de Mohammedanen tegen de Joden.

> Een Britse commissie rapporteerde dat de onrust werd veroorzaakt door de groeiende Arabische vrees voor een groeiende Joodse meerderheid en de systematische verwerving van land door indringers. De commissie adviseerde de immigratie en de aankoop van land te beperken. Ondanks de kreten van de zionisten werden de aanbevelingen aanvaard. De Britse regering publiceerde de bevindingen in het zogenaamde Witboek op 20 oktober 1930... In november 1938 kondigde de Britse regering aan dat zij afzag van het verdelingsvoorstel en

probeerde zij een akkoord tussen de Arabieren en de Zionisten te bevorderen. De Arabieren namen het begrijpelijke standpunt in dat hun land van hen was gestolen en dat onderhandelingen hetzelfde waren als marchanderen met een dief voor de teruggave van een deel van je eigendommen.

Toen de Arabieren en de Joden het niet eens konden worden, kondigden de Britten aan dat ze zelf een oplossing moesten vinden. In hun Witboek van 17 mei 1939 verwierpen zij hun eerdere interpretaties van de Verklaring van Balfour als strijdig met de Britse verplichtingen tegenover de Arabieren. Britse staatslieden realiseerden zich waarschijnlijk de onrechtvaardigheid van de Balfour-verklaring tegenover de Arabieren nadat het te laat was om er nog iets aan te doen. Het zogenaamde MacDonald Witboek van 1939 was een ogenschijnlijk oprechte wens om de fout van 1917 te herstellen. In een poging het beleid van Balfour te rationaliseren hield het Witboek vol dat het Joodse thuisland in Palestina al bestond. Om geen twijfel te laten bestaan over de toekomstige positie van Groot-Brittannië, stelde het Witboek:

"Hare Majesteits regering verklaart daarom nu ondubbelzinnig dat het niet haar beleid is dat Palestina een Joodse Staat wordt. Zij is van mening dat het in strijd zou zijn met haar verplichtingen tegenover het Arabische volk uit hoofde van het Mandaat, en met de garanties die in het verleden aan het Arabische volk zijn gegeven, als de Arabische bevolking van Palestina tegen haar wil onderdaan zou worden van een Joodse Staat. De Joodse woede kende geen grenzen. Het nieuwe Britse beleid terzake betekende de nederlaag van hun zorgvuldig opgestelde plannen en zij waren niet van plan de controverse te laten eindigen met het Witboek. Zij ontketenden een wereldwijde misbruikcampagne tegen de Britse regering, compleet met propagandamateriaal waarin de feiten volledig werden verdraaid. Uiteindelijk tot de conclusie komend dat Groot-Brittannië, als Mandator, hen nooit zou toestaan een Joodse staat in Palestina te stichten, begonnen de Joden aan een geweldscampagne om de Britten onder druk te zetten hun Witboek te herroepen of het Mandaat over te dragen aan de Verenigde Naties."

De Hagana, door de zionisten georganiseerd naar het model van een regulier leger, werd gemobiliseerd en klaar gehouden om toe te slaan. Twee terreurgroepen, de Irgun Zvei Leumi en de Bende Stern, werden losgelaten op de Britse Mandaatautoriteiten en de bevolking van Palestina. De terroristen, die de traditie van hun Khazaarse broeders in Polen en Rusland volgen, moorden, bombarderen en plunderen (Olivia Maria O'Grady).

HOOFDSTUK 18

Zionisten nemen Palestina over

Zonder verder te gaan, hebben we nu de geschiedenis van de zionistische inval in Palestina, die heeft geleid tot drie oorlogen, talloze daden van terrorisme en onrust, en een totaal gebrek aan vrede dat Palestina en het Midden-Oosten heeft geteisterd en dat zal blijven doen totdat de rechten van alle partijen worden erkend met gerechtigheid voor iedereen. Helaas is de fout van de Volkenbond bestendigd door een even bastaardcreatie, de Verenigde Naties.

Op 8 juli 1919 keerde president Wilson naar huis terug, nadat hij de orders van kolonel House, die hij van de Rothschilds had ontvangen, had uitgevoerd.

Als Wilson verwachtte te worden ontvangen als een veroverende held, vergiste hij zich schromelijk. Een aanwijzing dat Wilson onder controle stond van buitenlandse persoonlijkheden kan worden afgeleid uit het feit dat hij geen enkel lid van de wetgevende macht meenam naar Parijs, zelfs geen lid van zijn eigen Democratische partij.

Zijn adviseurs waren voornamelijk Joodse Wall Street bankiers en internationale socialisten die ook Joods waren. Een van de vreemdste aspecten van zijn reis naar Parijs was dat hij en zijn gevolg juwelengeschenken ter waarde van meer dan een miljoen dollar aannamen van een aantal niet-gouvernementele weldoeners.

De politieke storm die op de president neerdaalde toen hij zijn plan voor één wereldregering aan de Amerikaanse Senaat presenteerde, was anders dan hij ooit eerder had meegemaakt.

Waarschijnlijk beïnvloed door de dominante 'houding' ten opzichte van Duitsland die de debatten in Parijs beheerste, eiste Wilson dat de Senaat het verdrag precies zo zou ratificeren als het was gepresenteerd, zonder inhoudelijke wijzigingen en zonder debat.

Het was een verbazingwekkende ontwikkeling in het Amerikaanse beleid, een die nooit eerder was geprobeerd. Het was alles of niets, uitsluitend gebaseerd op de geheime besloten sessies in Parijs (de Duitse delegatie verbleef een week in het hotel en was niet aanwezig). Wilson kreeg steun voor zijn dictatoriale houding van een Amerikaans lid van de Fabian Society, professor Shotwell, die de Senaat min of meer opdroeg haast te maken met de ratificatie van het verdrag.

Shotwell was een hooggeplaatst lid van de geheime parallelle regering op hoog niveau van de VS, de Council on Foreign Relations (CFR). Senator Robert Owen, die was benoemd tot rapporteur van de speciaal in 1919 ingestelde Federal Reserve Act, was nu voorzitter van de commissie die verantwoordelijk was voor het Senaatsrapport over het Volkenbondverdrag.

Anderen die het verdrag van Wilson steunden waren Eugene Delano, Thomas J. Lamont en Jacob Schiff. Lamont was al lang een socialistisch-communistische sympathisant van de Fabian society, en Schiff hielp later bij de financiering van de Russisch-Japanse oorlog van 1904-1905, en de bolsjewistische revolutie in Rusland. Allen waren verbonden of gelieerd aan de Rothschilds.

Meer bepaald was Schiff een Wall Street bankier die zijn bankcarrière begon met de financiële steun van de Rothschilds, wiens creatie hij was.

Op 19 maart 1920 werd het Verdrag van Versailles ter bekrachtiging aan de Senaat voorgelegd, maar vanaf het begin ontstonden er sterke bezwaren. Wilson's eis dat het verdrag werd aangenomen "zoals het is" maakte veel senatoren woedend. Zij stelden een aantal amendementen en voorbehouden voor, die Wilson weigerde te aanvaarden op advies van Colonel House dat optrad namens de Rothschilds. Op 19 november verwierp de

Senaat het Verdrag van Versailles met en zonder voorbehoud, omdat hij het beschouwde als een groot gevaar voor de soevereiniteit van de grondwet van de Verenigde Staten en als een poging om zich de bevoegdheden toe te eigenen. De stemming was 49-35.

Voor één keer stonden Kolonel House en de Rothschilds aan de verliezende kant. Wilson deed vervolgens iets buitengewoons: hij sprak zijn veto uit over de gezamenlijke resolutie van het Congres waarin het einde van de oorlog met Duitsland werd afgekondigd! Op dit punt is het nodig om onze stappen terug te gaan: Toen de Eerste Wereldoorlog naderde en Wilson probeerde Amerika erbij te betrekken, gingen er boze stemmen op tegen Wilson en zijn regering.

In feite is 87% van het Amerikaanse volk tegen de oorlog, maar ze kunnen de internationale socialisten en hun internationale bankiers niet verslaan. De *Chicago Tribune is* categorisch en vernietigend tegen de Amerikaanse deelname en verklaart dat "Brandeis het Witte Huis per geheime telefoon bestuurt". Cyrus D. Eaton verklaarde:

> Amerika maakte zichzelf te schande door de wereldoorlog in te gaan, terwijl later (1925) kapitein H. [4]Spencer, in zijn boek *Democracy or Shylockcracy*, een telegram citeerde waarin Sir William Wisemen, president Wilson's Britse controleur van MI6, zei: "Brandeis noemde Rothschild." Rechter Dembitz Brandeis stond ongetwijfeld onder controle van Rothschild. Lang nadat de Amerikaanse Senaat weigerde het Verdrag van Versailles te ratificeren, klonken er nog steeds luide stemmen van anti-Amerikanisme.

Zo zei Paul Hymens, voormalig Belgisch minister van Buitenlandse Zaken:

> "Amerika weigerde het verdrag te ratificeren en beschouwde de

---

[4] *Democratie of usurocratie*, Shylock is de naam van de joodse woekeraar in Shakespeare's *De koopman van Venetië*.

man die naar Europa ging om namens haar op te treden als onwettig." (*The New York Evening Post*, 16 juli 1925)

Dit was niets nieuws wat betreft het karakter van president Wilson. Terwijl hij alle politieke krachten die hij kende mobiliseerde om de Verenigde Staten bij de Eerste Wereldoorlog te betrekken onder zware druk van de Rothschilds via Colonel House, had Wilson op grove en gewelddadige wijze de Amerikaanse grondwet geschonden door het Amerikaanse Congres een wet op te leggen die voorzag in het uitzenden van staatsmilities om in Frankrijk te vechten.

Dit blijft, naar mijn mening, een van de ergste schendingen van de grondwet van de Verenigde Staten in de Amerikaanse geschiedenis; omdat Wilson het tegen de grondwet in deed, precies wetende wat een ernstige fout hij maakte in weerwil van zijn ambtseed.

Maar voordat ik de details geef van Wilsons gruwelijke misdaad tegen het Amerikaanse volk, waarbij ik de misdaden tegen de Arabieren en Palestijnen buiten beschouwing laat, wil ik enkele tot nu toe onbekende feiten geven over de man die Wilsons controleur en alter ego was, kolonel Mandel House, simpelweg omdat deze mysterieuze en sinistere man zo'n grote rol speelde in de geschiedenis van de Verenigde Staten van achter de schermen, plus het feit dat hij een goede vriend was van de Rothschilds.

Edward Mandel House was de zoon van Thomas William en Elizabeth (née Shearn). House emigreerde in 1837 naar de Verenigde Staten en vestigde zich in Texas waar hij betrokken raakte bij de katoenindustrie en ging bankieren voor en namens de Rothschilds.

House, de oudste, trad altijd op als vertrouwenspersoon van de Rothschilds. Edward werd opgeleid aan Cornell en werd adviseur van de gouverneur van Texas zonder een officiële functie te bekleden, een carrière die werd herhaald in de regering Wilson.

De staat Texas benoemde de jonge House tot ere-kolonel, een titel waaraan hij zich gedurende zijn buitengewone carrière vastklampte. Er zijn geen aanwijzingen waarom de staat Texas de voorkeur gaf aan Edward House.

Begin 1900 stuurden de Rothschilds House naar Europa om te leren hoe bankiers de politiek en politici controleren. Bij zijn terugkeer in Amerika werd House de vuurtoren van de Democratische politiek en hij koos Woodrow Wilson als presidentskandidaat van de Democratische Partij.

House was grotendeels verantwoordelijk voor het succes van Wilson om de verkiezingen te winnen en vervolgens zijn beleid te ontwikkelen, met name het buitenlands beleid. Sommige echte autoriteiten op dit gebied geloven dat House de tussenpersoon was voor de orders van de Rothschilds om de banken van het Federal Reserve systeem op te richten, hoewel de Amerikaanse grondwet de oprichting van een centrale bank verbiedt om de valuta van het land te controleren.

We kunnen dus gerust zeggen dat House voorzitter was van vijfentwintig noodlottige jaren die het gezicht van de Verenigde Staten voorgoed veranderden en leidden tot een wetteloze federale regering die in een paar jaar tijd vernietigde wat de Founding Fathers en de volgende generatie bijna tweehonderd jaar lang hadden opgebouwd.

Wilson was de eerste Amerikaanse president die de facto de status aannam van keizer van wat het Empire of the United States of America zou worden, de drijvende kracht en leider van een nieuwe wereldorde binnen één socialistische internationale regering.

HOOFDSTUK 19

De Rothschilds zetten een centrale bank op in Amerika...

Onder de voogdij van de Rothschild-dynastie hebben zich in Europa ingrijpende veranderingen voltrokken, waarvan de belangrijkste misschien wel zijn:

er* De opkomst van Napoleon I als een agent gekozen door de Rothschilds om de monarchen van Europa omver te werpen;

* De val van de Romanov dynastie en de vernietiging van Christelijk Rusland door toedoen van de Bolsjewistische communisten;

* De Anglo-Boer genocide oorlog, een zeer belangrijke oorlog rond de eeuwwisseling die gedeeltelijk over het hoofd is gezien.

Ik geloof dat deze diepgaande veranderingen niet hadden kunnen en niet zouden hebben plaatsgevonden zonder de leidende hand van de Rothschild-dynastie en de inzet van haar enorme financiële middelen voor dit doel.

Voordat ik inga op de gebeurtenissen in het pre-Bolsjewistische Rusland, bekijk ik het verhaal achter de interventie van de Rothschilds in Zuid-Afrika om 's werelds grootste goud- en diamantvelden veilig te stellen, wat leidde tot de Anglo-Boeroorlog van 1899-1903.

In de jaren 1830 trokken Kaapse boeren (bekend als Boeren) naar het uitgestrekte onbewoonde achterland in wat bekend werd als de Grote Trek. Ze namen de Britse inmenging in hun leven kwalijk, vooral de vrijlating van slaven. Ze overwonnen grote ontberingen door duizenden kilometers af te leggen in ossenkarren, vaak over ruige bergen, en vestigden zich in de droge gebieden van wat later de republieken Oranje Vrijstaat en Transvaal zouden worden.

Toen er enorme diamanten en goud werden ontdekt, werden de dorre gronden onmiddellijk begeerd door de Rothschilds, die in de persoon van Cecil John Rhodes een agent stuurden om namens hen het bezit en de controle op te eisen. In 1898 vroeg Rhodes, de Rothschild-agent in Zuid-Afrika, aan Lord Rothschild om de Franse belangen in de diamantmijnen uit te kopen, wat de weg vrijmaakte voor totale Rothschild-controle.

De Britse regering "annexeerde" een gebied van de Oranje Vrijstaat dat bekend stond als Griqualand West (de plaats van de diamantvondsten) en annexeerde drie jaar later Transvaal, hoewel zij in beide gevallen geen wettelijke of legitieme aanspraak op het gebied had, een tactiek die zij in 1917 opnieuw in Palestina zou toepassen (zie De Balfour Verklaring).

Cecil Rhodes was de belangrijkste aanstichter van de Boerenoorlog. De fabelachtige goudvelden met hun rijke aderen, die zich 200 mijl van oost naar west uitstrekten, waren een schitterende buit die de Rothschilds vastbesloten waren te bemachtigen. Wrijving met Groot-Brittannië werd endemisch omdat de Boeren weigerden de valse aanspraken van Koningin Victoria op de Oranje Vrijstaat en de Transvaalrepublieken te erkennen.

De inval van 600 gewapende mannen onder leiding van Starr Jameson om de Boerenregering van president Paul Kruger omver te werpen was een duidelijke provocatie.

Het was een voorbode van de Anglo-Boerenoorlog, die uitbrak in 1899 nadat Rhodes' machinaties om de gewenste doelstellingen van de Britse regering te bereiken, namelijk de inbeslagname van de goud- en diamantvelden, waren mislukt.

De Boeren waren van Nederlandse, Ierse, Schotse, Engelse en Duitse afkomst. Ze waren gemigreerd naar het zuidelijkste puntje van Afrika, bekend als 'de Kaap', waar de Nederlanders, en later de Britten, een bevoorradingsstation voor brandstof, voedsel en vers water hadden gevestigd voor hun schepen die handel dreven tussen het Verre Oosten en Europa. Op de plaats die later bekend werd als Kaapstad, ontstond een bloeiende onafhankelijke gemeenschap onder Nederlands bestuur.

In die tijd waren er geen zwarte mensen (Bantu) in Afrika ten zuiden van de Zambezi rivier, in het uitgestrekte lege achterland tussen Kaapstad en de Zambezi rivier in het noorden. Alleen een paar nomadische "Hottentotten" - een niet-Bantoe volk van Mongoolse afkomst - leefden langs de Kaapse kust en verdienden een precair bestaan door stranden af te schuren en afval te verzamelen. Al snel werden ze arbeiders in de groentetuinen van de Nederlandse Oost-Indische Compagnie. Maar de Britten vielen de Kaapkolonie binnen en richtten hun eigen bestuur op onder de British East India Corporation (BEIC), een in Londen gevestigde opiumhandelmaatschappij.

Uit dit onheilspellende begin ontstond een welvarende en levendige gemeenschap waarin de Nederlanders waren geïntegreerd. Na de Britse invasie begon de BEIC in Londen zich ernstig te bemoeien met de interne aangelegenheden van de Nederlandse gemeenschap.

De Nederlanders, bekend als "Boeren", begonnen toen een plan te organiseren om de Kaap te verlaten en "trokken" (reisden) over de uitgestrekte onbewoonde vlakten van het noorden. Na deze lange reis kwamen de Boeren aan en vestigden zich in de onbewoonde gebieden die zij de Oranje Vrijstaat Republiek en de Transvaal Republiek noemden. De duizenden vierkante kilometers land waar de Boeren doorheen reisden, waren verstoken van de Bantoe-rassen die ten noorden van de Zambezi leefden. In tegenstelling tot de populaire geschiedenis hebben de Boeren Transvaal en de Oranje Vrijstaat niet van de Bantoes afgepakt.

De ontdekking van de rijkste goudvoorraad ooit bracht Rhodos in beeld en vanaf dat moment begon koningin Victoria haar ongegronde claim op de nieuwe republieken te laten gelden. Oorlog was onvermijdelijk nadat Victoria de vredesvoorstellen van de gelovige Paul Kruger afwees.

Koningin Victoria was vastbesloten oorlog te voeren, en in 1899 stuurde de Britse regering de eerste troepencontingenten, die in 1901 waren gegroeid tot maar liefst 400.000 man, om een guerrilla te verslaan die nooit meer dan 80.000 man tegelijk in het veld had gehad, van wie velen zo jong als veertien en zo oud als vijfenzeventig waren.

De epische strijd van de Boeren zou als model moeten dienen voor alle landen die bedreigd worden door grote tirannieke regeringen. Bijna drie jaar lang vochten de boeren-soldaten en versloegen ze de trots van het Britse leger.

De Boeren stemden pas in met beëindiging van de gevechten nadat 27.000 van hun vrouwen en kinderen waren omgekomen in onmenselijke concentratiekampen die waren opgezet door Lord Kitchener en Alfred Milner, een dienaar van de Rothschilds. Nadat ze hun vee hadden afgeslacht, hun boerderijen hadden verbrand en hun vrouwen en kinderen bij duizenden hadden zien sterven als gevolg van het genocidale beleid van Lord Milner, werden de Boerenkrijgers gedwongen terug te keren van de velden en hun wapens neer te leggen.

Tijdens de hele strijd hield Rhodes zijn meesters, de Rothschilds, volledig op de hoogte en voerde hun instructies tot op de letter uit. Vandaag controleert N.M. Rothschild nog steeds de goudhandel vanuit Londen. Rhodes opereerde in een tijd waarin het Britse Rijk de machtigste politieke, economische en militaire macht ter wereld was, maar de Boeren waren niet bang om het op te nemen tegen het Rijk in een oorlog waarvan ze wisten dat ze die niet konden winnen, maar die ze vochten met verbazingwekkende moed, vastberadenheid en dapperheid.

Het Britse Rijk was net als de Perzische, Assyrische, Babylonische en Romeinse rijken gebouwd op twee pijlers: het ontdoen van hun "dominions" van hun bezittingen en het gebruiken van de virtuele slavernij van de inwoners om deze taak te volbrengen.

De "adellijke" families van Engeland zijn terug te voeren op de zwarte adel van Venetië en Genua en de grote bankiersfamilies van deze stadstaten. Zij waren de meesters van de propaganda en zijn dat nooit verleerd, wat hun meest effectieve wapen was in de Boerenoorlog en de Eerste en Tweede Wereldoorlog. Achter de regering stonden de bankiersfamilies, waarvan de Rothschild-banken de machtigste en invloedrijkste waren. Sommige historici houden vast aan de overtuiging dat het fortuin dat zij uit Zuid-Afrika ontvingen, de Rothschilds "verrijkte".

Dit is een bewering waar ik het niet mee eens ben. De Rothschilds waren onvoorstelbaar rijk, lang voordat hun agent, Cecil John Rhodes, een meester in misleiding en bedrog, een man die het christendom haatte, van de goud- en diamantschatten van Zuid-Afrika het Rothschild-monopolie maakte. Uit de documenten en papieren die ik in het British Museum in Londen heb bestudeerd, blijkt duidelijk dat kort voor de dood van Mayer Amschel zijn fortuin groter was dan het gecombineerde vermogen van de rijkste mannen ter wereld.

De volledige omvang van het Rothschild fortuin is nooit onthuld, maar wat wel bekend is, is dat het in een astronomisch tempo is gegroeid.

Amschel kende de macht van het geld en, net als de oude John D. Rockefeller die zijn filosofie van geheimhouding overnam, wist Mayer dat geheimhouding van het grootste belang is voor succes. Zijn religieuze overtuiging dat de Joden Gods uitverkoren volk zijn, heeft nooit gewankeld, en hij toonde deze overtuiging bij elke gelegenheid, zowel in het openbaar als privé. Om een idee te geven van de rijkdom van de Rothschilds, geef ik het volgende:

> Zijn zoon Lionel was een vriend en adviseur van de Prins en Disraeli, van wie Sidonia in *Coningsby's* boek een geïdealiseerd (nauwelijks verhuld) portret is...

> Hij drukte de Disabilities Bill door, waardoor Joden functies in Engeland konden bekleden. Hij verstrekte de Britse regering het geld voor de Ierse hongersnoodlening (ongeveer 40.000.000 dollar) en ook voor de Krimoorlog (ongeveer 80.000.000 dollar) en trad vierentwintig jaar lang op als agent voor de Russische regering.

> Hij speelde een belangrijke rol in de succesvolle financiering van de nationale schuld van de Verenigde Staten, verschafte de fondsen voor de onmiddellijke aankoop van de aandelen in het Suezkanaal; hij was ook actief in het vergemakkelijken van de betaling van de Franse schadeloosstelling aan Duitsland; in het leiden van de financiën van het Oostenrijkse Rijk en de Egyptische lening van 8.500.000 pond (ongeveer 40.000.000 dollar). (*De Joodse Encyclopedie*, vol. 10, blz. 501-502)

Het fortuin van Jacob (James) Rothschild, dat onafhankelijk was van dat van Lionel of enig ander lid van de familie, is door historici geschat op 200 miljard dollar ten tijde van zijn dood volgens auteur Armstrong die schreef:

> "Maar dit was slechts een schatting, omdat er geen inventaris van zijn nalatenschap is ingediend."

Dit was natuurlijk in overeenstemming met een van Amschels verklaarde principes dat geheimhouding moest worden gehandhaafd. Bovenal zijn de Rothschilds altijd betrokken geweest bij het financieren van oorlogen.

Hymym Solomon (ook bekend als Haïm) hielp de Amerikaanse Revolutie financieren. Seligman Brothers en Speyer and Company financierden het Noorden en de heren Erlanger het Zuiden tijdens de Burgeroorlog. Meer recentelijk speelden Kuhn, Loeb and Company een hoofdrol in de grote ontwikkeling van de spoorwegfinanciering.

Hoewel hij het niet met zoveel woorden zegt, is het voor iedereen met enige kennis van de banken van die tijd duidelijk dat de Rothschilds zowel het Noorden als het Zuiden financierden via stromannen en frontbanken. Er zijn verschillende schattingen geweest van de rijkdom van de Rothschilds, en één die het misschien beter wist, graaf Cherep-Spiridovich, schatte dat zij alleen al aan de Eerste Wereldoorlog 100 miljard dollar verdienden.

Historicus John Reeves geeft in *The Rothschilds: Financial Controllers of Nations* een goed overzicht van de prestaties van de Rothschilds:

> Mayer had niet kunnen voorzien dat zijn zonen in de komende

jaren zo'n onbeperkte invloed zouden krijgen dat de vrede van de naties van hun knik zou afhangen; dat de machtige controle die zij over de Europese geldmarkten uitoefenden, hen in staat zou stellen zich op te werpen als scheidsrechters van vrede en oorlog, aangezien zij naar eigen goeddunken de financiële middelen die nodig zijn voor een militaire campagne, konden verstrekken of weigeren.

Maar, hoe ongelooflijk het ook mag lijken, dit is wat hun enorme invloed, gecombineerd met hun enorme rijkdom en onbeperkt krediet, hen in staat stelde te doen, want er was geen enkele onderneming sterk genoeg om hen langdurig tegen te werken, of onbezonnen genoeg om een zaak aan te nemen die de Rothschilds hadden geweigerd.

Een korte toelichting: Soms hebben de Rothschilds een aanbod afgewezen, hoe goed het ook was, alleen maar om een bepaalde natie of onderneming te straffen voor een of andere misstap, ingebeeld of echt. Als andere bankiers hadden aanvaard wat de Rothschilds afwezen, zou hun straf snel zijn geweest.

HOOFDSTUK 20

De Amerikaanse grondwet met voeten getreden door corrupte wetgevers die betaald worden door de Rothschilds.

Ik heb me vaak afgevraagd:

> "Hoe kwamen de Verenigde Staten, met hun grondwet, de hoogste wet in het land, die een centrale bank verbiedt, tot een dergelijke instelling, die volledig in strijd is met de grondwet?"

Om die vraag te beantwoorden zouden duizenden pagina's uitleg nodig zijn, maar in het korte verslag dat volgt zal ik proberen een aanwijzing te geven over hoe de Federal Reserve banken aan het Amerikaanse volk zijn opgedrongen.

Ten eerste is de Federal Reserve Bank niet "federaal", omdat zij eigendom is van anonieme aandeelhouders en niet van de Amerikaanse regering. Kortom, het is een particuliere bank, die zich voordoet als een federale overheidsinstelling.

Als zodanig is zij geen verantwoording verschuldigd aan het Amerikaanse volk, zoals blijkt uit het feit dat zij nooit is gecontroleerd door overheidsaccountants, zoals de wet vereist als het een staatsbank zou zijn. De grote Louis T. McFadden, voorzitter van het House Banking Committee, zei ooit tegen het Huis van Afgevaardigden:

> "... Het Federal Reserve banksysteem is de grootste zwendel in de geschiedenis, een oplichting van het Amerikaanse volk."

Op vrijdag 10 juni 1932, tijdens een debat in het Huis van Afgevaardigden over de Federal Reserve Bank, zei de moedige McFadden:

"Mr President, we hebben in dit land een van de meest corrupte instellingen die de wereld ooit heeft gezien. Ik heb het over de Federal Reserve Board en de Federal Reserve Banks. De Federal Reserve Board, een raad van bestuur van de regering, bedroog de regering en het volk van de VS van genoeg geld om de nationale schuld af te betalen. De plunderingen en ongerechtigheden van de Federal Reserve Board en de Federal Reserve Banks hebben dit land genoeg geld gekost, om de nationale schuld vele malen te betalen.

Deze slechte instelling heeft het volk van de Verenigde Staten verarmd en geruïneerd, zichzelf geruïneerd en onze regering praktisch geruïneerd. Door de gebreken in de wet waaronder ze werkt, door het slechte beheer van die wet door de Federal Reserve Board en door de corrupte praktijken van de rijke aasgieren die haar besturen. Sommige mensen denken dat de Federal Reserve Banks instellingen zijn van de Amerikaanse overheid. Het zijn geen overheidsinstellingen. Het zijn particuliere kredietmonopolies, die het volk van de Verenigde Staten bestelen voor hun eigen voordeel en dat van hun buitenlandse klanten; buitenlandse en binnenlandse speculanten en oplichters; en roofzuchtige, rijke geldschieters. In deze duistere bemanning van financiële piraten, zijn er mensen die iemands keel zouden doorsnijden om een dollar uit zijn zak te halen...

De 12 particuliere kredietmonopolies zijn op bedrieglijke en oneerlijke wijze aan dit land opgelegd door bankiers uit Europa die onze gastvrijheid hebben terugbetaald door onze Amerikaanse instellingen te ondermijnen. Deze bankiers trokken geld uit dit land om een oorlog tegen Rusland te financieren. Ze creëerden een schrikbewind in Rusland met ons geld... Ze financierden Trotski's massale bijeenkomsten van ontevredenheid en rebellie in New York. Ze betaalden Trotski's reis van New York naar Rusland, zodat hij kon helpen bij de vernietiging van het Russische Rijk. Zij stimuleerden de Russische revolutie en stelden Trotski een groot bedrag aan Amerikaanse dollars ter beschikking in een van hun banken in Zweden. Er is gezegd dat president Wilson werd misleid door de attenties van deze bankiers en door de filantropische houdingen die zij aannamen. Men zegt dat toen hij ontdekte hoe hij door kolonel House was misleid, hij zich tegen die bemoeial, die "heilige monnik" van het financiële imperium, keerde en hem de deur wees. Hij had de elegantie om dat te doen, en naar mijn mening verdient hij daar grote waardering voor.

In 1912 bracht de National Monetary Association, onder het voorzitterschap van wijlen senator Nelson Aldrich, verslag uit en diende een venijnig wetsvoorstel in, het National Reserve Association wetsvoorstel. Dit wetsvoorstel wordt algemeen aangeduid als het Aldrich wetsvoorstel.

Hij was het instrument, maar niet de handlanger, van de bankiers van Europese oorsprong die al bijna 20 jaar een centrale bank in dit land wilden oprichten en die in 1912 enorme sommen geld hadden uitgegeven en bleven uitgeven om hun doel te bereiken.

...Onder de voogdij van die sinistere Wall Street figuren die achter Kolonel House stonden, werd hier in ons vrije land de wormstekige monarchale instelling van de "King's Bank" opgericht om ons van boven tot onder te controleren, en ons van de wieg tot het graf te ketenen. De Federal Reserve Act heeft onze oude en karakteristieke manier van zaken doen vernietigd...

Het heeft dit land de tirannie opgelegd waarvan de auteurs van de grondwet ons wilden redden.

Het gevaar waarvoor het land werd gewaarschuwd is gekomen en manifesteert zich in de lange reeks verschrikkingen die gepaard gaan met de verraderlijke en oneerlijke zaken van de Federal Reserve Board en de Federal Reserve Banks... De Aldrich Bill werd gecreëerd door bankiers van Europese oorsprong in New York. Het was een kopie en meestal een vertaling van de Reichsbank en andere Europese centrale banken." (Met name de Bank of England)

(Uittreksel uit het archief van het Huis van Afgevaardigden, toespraak van Louis T. McFadden MP)

Op donderdag 15 juni 1933 verzette McFadden zich opnieuw tegen het opleggen van een centrale bank aan Amerika, in flagrante strijd met de Amerikaanse grondwet. In zijn toespraak voor het Huis van Afgevaardigden klaagde McFadden over buitenlandse bankiers die het geld en het krediet van het Amerikaanse volk stalen, en hij richtte zich op Jacob Schiff, die volgens hem een agent van de Rothschilds was:

Hij viel ook de heer Mayer aan, die de zwager is van de heer

> George Blumenthal, een lid van J. P. Morgan et Cie, die, als ik het goed begrepen heb, de belangen van de Rothschilds vertegenwoordigt... Ik wil heel duidelijk stellen dat u, door de heer Mayer aan het hoofd van het Federal Reserve systeem te plaatsen, dit volledig overdraagt aan deze internationale financiële groep.

Hoe zijn de Verenigde Staten slaaf geworden van het Federal Reserve Bank systeem? Het antwoord is eigenlijk heel simpel:

Dit is bereikt door de financiële macht van de Rothschilds en een groep verraders in het Amerikaanse Huis en de Senaat die bereid zijn hun ziel te verkopen in ruil voor een leven van weelde en gemak. Zulke mannen zijn in elk land te vinden, en er is geen manier om je tegen hun verraad te beschermen. Hun verachtelijke daden blijven een bittere oogst opleveren. McFadden werd vermoord omdat hij de waarheid had durven onthullen over hoe August Belmont de Verenigde Staten binnendrong, met als enige doel controle te krijgen over politici die de Rothschilds in staat zouden stellen de controle over de munt en het krediet van de Verenigde Staten op te leggen.

Er waren drie moordaanslagen, één door een geweerschot dat niet lukte, en twee door vergiftiging, waarvan de laatste deze grote en moedige Amerikaan doodde. Zijn moordenaars zijn nooit gevonden en gerechtigheid moet nog steeds geschieden.

Zo werd een grote Amerikaanse christelijke patriot het zwijgen opgelegd, een onuitsprekelijke misdaad gepleegd en financiële slavernij aan het Amerikaanse volk opgelegd. Zolang de door het volk gekozen vertegenwoordigers in het Amerikaanse Huis en de Senaat zich houden aan hun eed om Amerika te behouden en te beschermen tegen de verwoestingen van de internationale bankiers, die de aanval van het internationale socialisme op de grondwet leiden, zullen de zegeningen van de vrijheid de zegeningen van het Amerikaanse volk zijn.

Maar wanneer onze vertegenwoordigers buigen voor de monetaire macht van de internationale bankiers en zich prostitueren op het altaar van de monetaire macht van de Rothschilds, is de tijd gekomen dat wij, het volk, onze vrijheid en de door de Grondwet gewaarborgde rechten verliezen.

De Federal Reserve Act was een mokerslag tegen de grondwet, nog een nagel aan de doodskist van het eens zo vrije Amerikaanse volk. De Federal Reserve Act was een vooruitgang op een weg, die zal eindigen in de totale vernietiging van de grondwet. Een van de dienaren van de Rothschilds, Lord Bryce, zei, dat het vijftig jaar zou duren, om de republikeinse regeringsvorm te vernietigen, die het Amerikaanse volk door de grondwet gegarandeerd was. Lord Bryce voorspelde dat:

> De zekerheid die de bescherming van de grondwet biedt, zal verdwijnen als de ochtendmist.

Dit is dezelfde Lord Bryce die via valse getuigenissen flagrante leugens publiceerde over de wreedheden van de Duitsers in België, waardoor de Verenigde Staten in de Eerste Wereldoorlog werden meegesleurd.

De Rothschilds hadden de controle over de belangrijkste banken van Europa en werden de geldschieters van het eerste uur voor alle regeringen van het continent en Engeland. Om dit feit te verbergen, werd bepaald dat de namen van de aandeelhouders van de bank nooit openbaar mochten worden gemaakt:

> Deze macht maakte de invoering van de goudstandaard mogelijk, eerst in het Britse Rijk, daarna in andere landen zoals aangegeven. Zij verwierven een meerderheidsbelang in de Bank of England, waarvan wijlen Lord Rothschild agent en goudgouverneur was.
>
> De Bank of England is een van hun vele fronten. Het lijdt geen twijfel dat zij een meerderheidsbelang hebben in de meeste andere centrale banken. In strikte overeenstemming met de geheimhouding die vanaf het begin een kardinaal principe van het Rothschild management is geweest, weigert de Bank of England haar aandeelhouders bekend te maken.
>
> Zij [de Rothschilds] stuurden een van hun agenten, Paul Warburg, als vertegenwoordiger naar Amerika, vlak voor de Eerste Wereldoorlog, om onze banksystemen te veranderen.
>
> Via hun eigendom en controle van de privé-banken J.P. Morgan and Co. en Kuhn, Loeb and Co. bezaten en controleerden zij de

belangrijkste nationale banken en trustmaatschappijen in New York, en via hen controleerden zij het federale systeem in New York... Om de expansie en inkrimping van het krediet naar believen te controleren, is het essentieel dat er een hoogste autoriteit is met de macht om de hoeveelheid geld in omloop naar believen te verhogen of te verlagen.

Vóór het Rothschild-regime behoorde deze macht toe aan de koningen en keizers van de wereld, want zij waren de hoogste autoriteit. In ons land (de Verenigde Staten) heeft onze nationale grondwet deze macht (uitsluitend) toegekend aan het Congres van de Verenigde Staten... Onder invloed van de Rothschilds zijn de banksystemen van de wereld allemaal radicaal veranderd. De hoogste macht om geld uit te geven en krediet te verlenen, werd door de verschillende regeringen overgedragen aan de bankiers van hun respectieve landen. De Bank of England werd het model voor de andere centrale banken in de wereld. Ten tijde van de oprichting van het Federal Reserve System, was onze regering de enige van enig belang, die zelfs beweerde haar soevereine recht om geld uit te geven en de hoeveelheid geld in omloop te controleren, uit te oefenen. De oprichting van het Federal Reserve System betekende een volledige overgave aan de bankfederatie van de soevereine macht van het Amerikaanse volk om via hun vertegenwoordigers in het Congres waarden te reguleren, zoals hen gegarandeerd wordt door hun nationale Grondwet.

De paniek van 1907 was, zoals al onze andere paniek, een gemanipuleerde paniek. Zij werd veroorzaakt door de weigering van de New York Reserve Bank om munt te betalen aan de deposanten van de plattelandsbanken, waardoor deze banken gedwongen werden te weigeren hun deposanten in munt uit te betalen. Het was dus vooral te wijten aan een onvoldoende hoeveelheid geld in omloop en een inadequate methode om het aanbod te vergroten.

Midden in de campagne om ons bank- en monetaire systeem te hervormen (om verdere manipulatie te voorkomen die paniek zou kunnen veroorzaken), kwam Paul Warburg, een Duitse jood, naar Amerika vanuit Frankfurt am Main, de thuisbasis van de

Rothschilds. Toen hij hier aankwam, was hij destijds lid van Kuhn, Loeb and Company in New York, de Amerikaanse tak van de Rothschilds.

Hier is een Naval Intelligence rapport over hem in december 1918:

> "Warburg, Paul, New York City, Duitser; werd in 1911 tot Amerikaan genaturaliseerd, werd door de keizer gedecoreerd; was vice-president van de U.S. Federal Reserve, is een rijke en invloedrijke bankier; behandelde grote sommen geld die door Duitsland aan Lenin en Trotski werden verstrekt; onderwerp heeft een broer die hoofd is van het Duitse spionagesysteem."

Het Federal Reserve System is het product van de Rothschilds en de invoering ervan werd bereikt met dezelfde ondergrondse en bedrieglijke middelen die zij altijd gebruiken om hun doelen te bereiken. Het is duidelijk dat Paul Warburg naar Amerika kwam om ons bank- en monetaire systeem te hervormen en het is duidelijk dat hij en de Rothschilds toen anticipeerden op de wereldoorlog [Eerste Wereldoorlog 1914-1918], hoewel die pas drie jaar later uitbrak.

Dit is het smerige verhaal van de grootste ramp die het Amerikaanse volk ooit is overkomen. Wij hebben toen aan Jeroboam Rothschild en zijn opvolgers, de volledige heerschappij over ons welzijn en geluk overgegeven. Voordien werd grote invloed uitgeoefend door zijn banken Morgan and Co. en Kuhn, Loeb and Co. en hun dochterondernemingen, maar nu is zijn gezag oppermachtig en onbeperkt. Deze overgave heeft zijn controle over de economie van alle volkeren van de wereld geperfectioneerd.

(Emmanuel Josephson, *Rothschild Money Trust*, blz. 36, 40, 41, 132 134 en 1600)

HOOFDSTUK 21

De Rothschilds dwarsbomen de Amerikaanse grondwet...

Wat zo verbazingwekkend is aan de vermetele verduistering door de Rothschilds van het krediet en de geldhoeveelheid van de Verenigde Staten, is dat dit gebeurde in weerwil van de strikte bepalingen van de Amerikaanse grondwet die de oprichting van een centrale bank verbieden.

De woorden van Jezus Christus bij zijn kruisiging herinneren ons eraan dat hij zei: "Vader, vergeef het hun, want zij weten niet wat zij doen." Dit gebed om vergeving was voor en namens de Romeinse soldaten, niet voor het Sanhedrin, dat zijn executie had geëist.

Dat is wat we zeggen over de leden van het Amerikaanse Congres die niet wisten wat er aan de hand was, niet begrepen van welke gigantische zwendel zij het slachtoffer waren en, erger nog, de Grondwet negeerden die zij hadden gezworen te handhaven:

"Vader, vergeef hen, want zij weten niet wat zij gedaan hebben."

Maar voor de verraders, bedriegers, leugenaars en verraders die wisten wat ze deden, zeg ik dat dood door ophanging wegens verraad, zoals voorgesteld door de opstellers van de Grondwet, voor hen een veel te genadig lot zou zijn geweest.

Sommige deskundigen vroegen zich toen af waarom de Federal Reserve Act werd ingevoerd toen dat gebeurde.

Daar zijn twee redenen voor. Met een volgzame socialistische president in het Witte Huis, wisten de architecten van de Federal

Reserve, dat er oorlog op komst was. Het was daarom essentieel, dat de centrale bank operationeel was, voor het uitbreken van de vijandelijkheden.

De geschiedenis heeft uitgewezen dat de Federal Reserve Act op tijd werd aangenomen voor de komende oorlog. Zonder de massale financiering door de Verenigde Staten, is er alle reden om aan te nemen, dat de Eerste Wereldoorlog niet zou zijn uitgebroken.

De tweede reden is natuurlijk de meest voor de hand liggende: Totale controle over het Amerikaanse bankwezen en financiën.

De goedkeuring van de illegale en ongrondwettelijke Federal Reserve Act stelde de Rothschilds, door het verraad van Wilson, in staat de Verenigde Staten mee te slepen in de Eerste Wereldoorlog, die resulteerde in de dood van miljoenen jonge christelijke mannen, de bloem van Europese en Amerikaanse naties, en de Verenigde Staten miljarden dollars kostte.

De verraders zijn nooit gestraft, en Amerika lijdt nog steeds onder de gevolgen van die vreselijke oorlog en de oorlog die erop volgde, en ook onder de wurggreep die de Rothschilds hebben op een zogenaamd "vrij" Amerika, waar ze nog steeds obscene winsten op maken.

Elke echte vrijheid voor het Amerikaanse volk eindigde op de dag dat de Rothschilds de controle over Amerika's geld, krediet en economie overnamen door de oprichting van de Federal Reserve banken. Als we nadenken over de macht van de Rothschilds, om hun banksysteem in het hart van de Amerikaanse Republiek te vestigen, moeten we denken aan het volgende vers: Met welk vlees voedt onze Caesar zich, om zo groot te worden?

Het is het verhaal van dit "vlees" dat ik in dit boek heb proberen te vertellen, en dat misschien enig licht zal werpen op het mysterie hoe Wilson en Roosevelt hun wil konden opleggen aan het Amerikaanse volk, terwijl zij nog steeds het schokkende voorbeeld van het verraad van president Woodrow Wilson voor zich hadden.

Er kan maar één antwoord zijn op de bron van deze macht: de Rothschild-agenten in Amerika die actief wilden en wilden dat Amerika deelnam aan de Tweede Wereldoorlog. Het boek *Propaganda in the Next War,* geschreven door kapitein Liddell Hart, werpt een goed licht op hoe het Amerikaanse volk voor de tweede keer werd meegesleurd in een oorlog in Europa, terwijl de overgrote meerderheid er faliekant tegen was, maar helaas schijnt het boek niet beschikbaar te zijn. Auteur Armstrong zei:

> Blijkbaar was het een semi-officieel boek van de Britse regering. De vernietiging van deze exemplaren van het boek werd waarschijnlijk bevolen door de Secretaris van Oorlog, de Joodse Hoar-Belisha...
>
> De oprichting van een Joods thuisland was geen punt in de wereldoorlog of in het vredesverdrag met Duitsland.
>
> De Arabieren waren onze bondgenoten en vochten zij aan zij met geallieerde soldaten. Het was een onverdedigbare overval die in koelen bloede werd gepleegd op instigatie van de "Ouden", Lloyd George, Woodrow Wilson en Georges Clemenceau (*Rothschild Money Trust,* blz. 65, 79).
>
> Het ergste van alles is dat de vestiging van dit "Joodse thuisland" een koelbloedig verraad was aan de Arabische regering en het Arabische volk. De Arabieren beweren dat zij werden aangezet tot deelname aan de oorlog aan de zijde van de Geallieerden door de belofte dat de zogenaamde Balfour Verklaring zou worden ingetrokken en dat de Arabieren niet zouden worden gehinderd in het vreedzame bezit van hun land.
>
> Dit wordt door de Britse regering niet ontkend, maar het excuus is dat Woodrow Wilson erop stond dat de Joden dit nationale tehuis zouden krijgen en dat Lloyd George ermee instemde als een politieke manoeuvre en om andere dingen in het door hem gewenste vredesverdrag te krijgen. Palestina wordt nu terecht het "tweemaal beloofde land" genoemd. Waarschijnlijk heeft Duitsland het ook beloofd in ruil voor de Russische overeenkomst (*Rothschild Money Trust,* blz. 70).

Een van de minst opvallende neveneffecten van de Eerste Wereldoorlog en het daaropvolgende vredesverdrag was de demonetisering van zilver, dat sinds de oudheid een belangrijk onderdeel van de mondiale monetaire systemen is geweest. Zilver is een edel metaal, maar wordt door de Rothschilds niet als even waardevol beschouwd als goud, hoewel het altijd een goede verdediging is geweest tegen inflatie.

Noch geld, noch gouden munten, noch scripts/certificaten kunnen worden opgeblazen. Het is waarschijnlijk met dit in gedachten dat de Rothschilds veel moeite deden om geld te demonetiseren en zich te ontdoen van echt geld met intrinsieke waarde in de monetaire systemen van de wereld. Ik ben niet van plan in dit boek een geschiedenis van de Bank of England te geven, anders dan er af en toe naar te verwijzen.

De Bank of England stond en staat nog steeds model voor alle "fractional reserve banks", inclusief de illegale Federal Reserve Bank van de Verenigde Staten. Het oorspronkelijke handvest werd tot 1844 acht keer gewijzigd, en het lijdt geen twijfel dat de Rothschilds veel te maken hadden met de latere wijzigingen, met name het Peel-amendement, dat radicale veranderingen aanbracht die de Rothschild-banken sterk bevoordeelden.

Het Peel-amendement werd aangenomen in 1844 en had als onmiddellijk gevolg dat het zilver, dat tot dan toe in alle landen, ja zelfs in alle naties, sinds mensenheugenis als geld in omloop was geweest, werd gedemonetariseerd.

Dit werd gedaan omdat de Rothschilds hun oorlogsschulden in goud betaald wilden zien, een feit dat duidelijk werd toen zij weigerden de betaling van de schulden van de Burgeroorlog in zilver te accepteren en eisten dat de regering van de Verenigde Staten de schulden uitsluitend in goud zou betalen. Het lijdt geen twijfel dat het Peel-amendement hierin voorzag en specifiek werd aangenomen om de basis te leggen voor wat er zou volgen. Het amendement gaf de Britten ook een monopolie op goud, omdat zij het goud in handen hadden dat in 1899-1902 van de Boeren in Zuid-Afrika was gestolen.

Overigens was het Peel die de Anti-Semitism Bill door het parlement had geloodst, waardoor voor het eerst in de lange geschiedenis van Engeland een jood zich kandidaat kon stellen voor een openbaar ambt. Maar midden in de strijd tegen sterke oppositie viel Peel tijdens het rijden van zijn paard en stierf aan zijn verwondingen. Hij was een volleerd ruiter, wat het ongeluk des te vreemder maakte. Disraeli werd de hoofdrolspeler van het wetsvoorstel. Disraeli's eerste toespraak in het Lagerhuis op 7 december 1847 als partijleider was overstemd door zijn tegenstanders, aangevoerd door de gevreesde Ier Daniel O'Connell.

De opstellers van de Antisemitisme Wet waren Sir Moses Montefiore, door huwelijk verwant aan de Rothschilds, en een van de twee sheriffs van de City of London. Hoewel hij joods was, kon Montefiore dit hoge ambt bekleden omdat het Hogerhuis geen jurisdictie of controle had over de stad Londen.

Montefiore was naar het Huis gekomen om toestemming te krijgen om naar het debat te luisteren.

Het wetsvoorstel werd niet rechtstreeks ingediend, maar onder de naam die het kreeg, een wetsvoorstel om beperkingen voor alle religies op te heffen, iets wat de Rothschilds altijd hebben gedaan en een dergelijke aanpak een "kruiswind" noemen.

Deze maatregel was bedoeld om een einde te maken aan een oude praktijk waarbij Joden geen magistraat of leraar konden worden en niet in het parlement mochten komen; zij mochten niet stemmen als zij weigerden de christelijke eed af te leggen en mochten geen rechten uitoefenen.

Lionel de Rothschild had geweigerd de christelijke eed af te leggen, en hoewel hij in het Hogerhuis was gekozen, kon hij zijn zetel niet innemen wegens zijn hardnekkig verzet tegen het afleggen van de christelijke eed.

De "Jodenwet", zoals de Conservatieven het noemden, zou niet verdwijnen, zelfs na elf jaar verzet van parlementsleden als Lord Derby, Lord Bentinck en Sir Robert Inglis, die op de vraag waarom Joden uit het Parlement moesten worden geweerd, zei:

> "Joden zijn vreemden hier, en hebben geen aanspraak om burgers te worden, behalve door zich te conformeren aan onze morele wet, die het Evangelie is."

De Tories in het House of Lords waren fel gekant tegen de "Jew Bill", zoals Lord George Bentinck het noemde, en verklaarden dit elf jaar lang telkens wanneer het wetsvoorstel ter tafel kwam. Je moet de vasthoudendheid van de Rothschilds erkennen, als ze iets wilden, hielden ze hardnekkig vast tot ze het kregen. Zoals Lord Bentinck uitlegde:

> Ik beschouw de Joodse kwestie als een persoonlijke zaak, zoals ik een groot privé-vermogen of een voorgenomen echtscheiding zou beschouwen. Disraeli zal de Joden natuurlijk van harte steunen, ten eerste vanwege een erfelijk voorrecht in hun voordeel en ten tweede omdat hij en de Rothschilds grote bondgenoten zijn (Uittreksel uit het Hansard Report).

Bentinck werd later dood aangetroffen, blijkbaar aan een hartaanval, op zesenveertigjarige leeftijd. Evenals de dood van Peel vóór hem, heeft de dood van Bentinck vele vragen onbeantwoord gelaten, waarvan de meest pertinente nooit zijn beantwoord.

Op 20 februari 1849 werd de Wet op de Joodse Invaliditeit opnieuw in derde lezing behandeld in het Huis, onder leiding van Disraeli. Louise de Rothschild zat op de tribune en observeerde de debatten namens Lionel Rothschild. De maatregel werd aangenomen met 272 tegen 206 stemmen, maar werd verworpen door de Lords.

Het jaar daarop, op 29 juli 1850, probeerde Lionel de Rothschild opnieuw plaats te nemen, maar de griffier weigerde hem dat toe te staan en een nieuwe cyclus van hectische activiteit, gekenmerkt door bittere debatten, begon.

The *Times* noemde deze maatregel nu het "jaarlijkse tijdverdrijf" van het Parlement. Na te zijn verworpen in 1849, 1851, 1853, 1856 en 1857, probeerde Disraeli in 1858 een nieuwe aanpak door de formulering van de eed te veranderen, maar de Lords verwierpen hem opnieuw.

Disraeli nam wraak door een commissie te benoemen om de basis voor het herstel van de nieuwe eed te bestuderen en benoemde Lionel de Rothschild in de commissie. Uiteindelijk werd, te midden van enkele roemloze taferelen en achterhoedeverzet van

Lord Derby, met een zeer kleine meerderheid die voor hem stemde, een compromis bereikt: elk Huis zou zijn eigen eed formuleren. In het luxueuze huis van Lionel de Rothschild heerste grote vreugde over het feit dat er eindelijk een einde was gekomen aan de "elf jaar van geschreeuw en gegil in alle hoeken van het Huis".

Op 26 juli 1858 legde Lionel de Rothschild de nieuwe niet-christelijke eed af, waarbij hij Disraeli de hand schudde toen hij op het punt stond dat te doen, als een openbare demonstratie van de dankbaarheid die hij verschuldigd was aan zijn beschermeling, die hij wijselijk en met grote vooruitziendheid op jonge leeftijd tot het christendom had bekeerd, misschien in afwachting van de onschatbare dienst die hij zojuist had bewezen.

HOOFDSTUK 22

De Rothschilds breken het Hogerhuis...

De sluizen zijn geopend. Lord Rothschild nam zijn plaats in, snel gevolgd door David Salomons, Sir Francis Goldsmith, Nathaniel de Rothschild, Frederick Goldsmid en Julian Goldsmid.

Interessant genoeg vertegenwoordigde geen van deze mannen Disraeli's eigen partij, de conservatieve Unionistische "Tory Party". Maar de belangrijkste tegenstander, Earl Derby, die nu de steun van zijn eigen partij verloor, zette zijn bezwaren op schrift:

> Zonder blijk te geven van ontrouw of afkeer van Hare Majesteits onderdanen van het Joodse geloof, zijn de Heren van mening dat de ontkenning en verwerping van die Verlosser, in wiens naam elk Huis van het Parlement dagelijks zijn collectieve gebeden voor de goddelijke zegen over zijn Raden uitspreekt, een morele ongeschiktheid vormt om deel te nemen aan de wetgeving van een gemeenschap die het Christelijk geloof belijdt. (Hansard verslag)

De meest zichtbare resultaten van de "Removal of Restrictions on Jews Act" waren dat de Rothschilds en andere vooraanstaande Joden toegang kregen tot het Hogerhuis en dat de gehate christelijke eed werd afgeschaft. Bij de andere verandering, het Peel Amendement op de Bank of England, hadden de gewone mensen, zoals gewoonlijk, geen idee hoe ze werden genept en wat ze zouden verliezen. De schurken werkten zo handig dat, terwijl de slachtoffers rondliepen met hun ogen wijd open, maar niet begrepen wat ze zagen, de Rothschilds hun greep op de monetaire systemen van de wereld consolideerden.

Natuurlijk wordt het bedrog nog steeds toegepast, wanneer Amerikaanse munten op zilver lijken, terwijl ze in feite helemaal geen zilver bevatten. Amerikaanse munten zouden net zo goed van plastic kunnen zijn, maar dat zou niet volstaan, want dan zou de massa het bedrog na al die jaren doorhebben! Zelfs de *Encyclopedia Britannica* probeerde het bedrog van het Peel Amendement te verbergen:

> Bij de poging om de gebreken van onze munt te verhelpen, was het van essentieel belang voorzichtig te werk te gaan, de bestaande belangen zoveel mogelijk te respecteren en maatregelen te vermijden die de vrees of argwaan van het publiek zouden kunnen wekken; maar de maatregelen... zijn zo vakkundig bedacht dat ze op weinig verzet zijn gestuit, terwijl ze tegelijkertijd zeer belangrijke en zeer heilzame veranderingen teweeg hebben gebracht... zijn zo vakkundig bedacht dat ze op weinig verzet zijn gestuit, terwijl ze tegelijkertijd zeer belangrijke en zeer heilzame veranderingen teweeg hebben gebracht. (*Encyclopedia Britannica* Vol. III, pagina 323)

Bijvoorbeeld: Wat waren de "gebreken" in kwestie?

Het belangrijkste "gebrek" was dat het tot nu toe niet gemakkelijk was geweest om oorlog te voeren, omdat er nooit genoeg geld was voor deze oorlogen en geld moest worden gevonden door extra belastingen te heffen. Dit betekende dat op een gegeven moment zelfs de slapende massa woedend zou worden en in opstand zou komen tegen te zware belastingen.

De andere "fout" was dat papiergeld moest worden gedekt door edelmetaal en dat het wenselijk was het oude Babylonische systeem van fractioneel reservebankieren volledig in praktijk te brengen, wat in gewoon Engels betekende dat banken een bepaalde hoeveelheid papiergeld konden uitgeven dat niet werd gedekt door echte activa zoals zilver en goud. Zonder deze veranderingen en de stroom papiergeld die volgde op het Peel Amendement en de oprichting van de Federal Reserve Banks in Amerika, zou het niet mogelijk zijn geweest de Eerste en Tweede Wereldoorlog te financieren en te bevorderen. Er was simpelweg geen echt geld voor zulke kostbare oorlogen, en het volk zou niet hebben ingestemd met het betalen van extra belastingen om zulke avonturen te financieren.

In feite zou er geen Golfoorlog zijn geweest, geen invasie van Irak in 2002, geen bombardementen op Servië en geen oorlog tegen Afghanistan - als er niet een overvloedige voorraad waardeloos papiergeld was geweest, bekend als Amerikaanse dollars. Als zodanig geaccepteerd in de hele wereld, zijn het in feite stukken papier uitgegeven door een particulier banksysteem, die niet kunnen worden ingewisseld voor goud of zilver.

Waarom was het, in de woorden van de *Encyclopedia Britannica,* nodig om "voorzichtig te werk te gaan"? Als het een eerlijke behoefte was, waarom zou het dan nodig zijn om voorzichtig te werk te gaan? Maar de encyclopedie laat het slechte spel van misleiding toe in de woorden "die de angsten en vermoedens van het publiek zouden kunnen opwekken."

Nu leert hij zelf dat voorzichtigheid geboden was omdat zij het publiek fundamenteel bedrogen en dat het bedrog "slim opgezet moest zijn om weinig tegenstand te veroorzaken".

Het is een bekentenis van bedrog en schaamteloze oplichting van het volk. De auteurs wisten heel goed dat het volk in opstand zou komen als ze erachter kwamen, dus moest het Peel-amendement worden vermomd als "zeer gunstige veranderingen".

Wie profiteerde van deze "zeer gunstige veranderingen"? Slechts één partij profiteerde: de Rothschild dynastie en haar banken over de hele wereld.

Als dit niet waar was, zouden de "zeer gunstige veranderingen" van de daken van Londen en elke stad ter wereld zijn geschreeuwd. Maar de "zeer gunstige veranderingen" waren in het voordeel van het Rothschild bankimperium en niet van de volkeren van de vele betrokken landen.

erHoewel Sir Robert Peel het amendement op het handvest van de bank heeft ingediend, was de auteur ervan in feite Lionel Rothschild via zijn "valet", Benjamin Disraeli, die hij had gecreëerd en beroemd had gemaakt als premier van Engeland, zoals de Rothschilds Napoleon I hadden gecreëerd en beroemd hadden gemaakt. De invloed van Lionel Rothschild op de Bank of England is nooit afgenomen sinds hij de bank bang maakte hem de facto controle te geven door deze aanval op haar goudreserves, zoals eerder uitgelegd door te eisen dat haar papier zou worden ingewisseld tegen haar goud.

Er zij aan herinnerd dat op 4 augustus 1847, toen Disraeli's verkiesbaarheid voor een zetel in het Parlement flinterdun was, omdat hij uit vrees voor zijn vele schuldeisers geen aanspraak kon maken op eigendom, en eigendom een noodzakelijke kwalificatie was, Het was Baron Mayer de Rothschild, de hoge sheriff van het graafschap waarin de stad Aylesbury lag, die Disraeli certificeerde als een gekwalificeerde kandidaat en hem vervolgens verkozen verklaarde, nadat een andere kandidaat, ene John Gibbs, was overgehaald om zich terug te trekken uit de verkiezing.

Maar de toeschouwers namen het resultaat niet goed op. Omdat hij Disraeli als een indringer zag, werd hij begroet met gefluit en hoongelach. Het is ook vermeldenswaard dat, terwijl Disraeli in grote financiële moeilijkheden verkeerde die zijn carrière in het Parlement ernstig hadden kunnen en moeten aantasten, het Lionel de Rothschild was die zijn schulden afkocht en kwijtschold. De affaire wordt vermeld in *Disraeli* door Weintraub, pagina 401:

> Via Philip Rose en Lionel de Rothschild betaalde Montague alle schulden. De genoemde Montague zou "aangeboden hebben Disraeli's schulden te kopen en een lagere rente dan de woekerrente in rekening te brengen". Critici hebben gesuggereerd dat de echte "koper" van Disraeli's schulden in feite Lionel Rothschild was.
>
> Een ander onbetwistbaar feit is dat de Rothschilds in september 1848 bijdroegen aan de aankoop van Hughendon, Disraeli's landhuis, via een stroman, de markies van Titchfield. Zoals Disraeli aan zijn vrouw Mary Anne schreef: "Alles is geregeld; jij bent de Lady van Hughendon".

Ik noem deze feiten omdat ze de bewering lijken te bevestigen dat Disraeli "slechts een handlanger van de Rothschilds" was.

Een studie van de methoden die de Rothschilds gebruikten om

een einde te maken aan het Peel Amendement bedrog, laat zien dat zij precies dezelfde methode gebruikten om een einde te maken aan de oplichting van het Amerikaanse volk door de Federal Reserve banken. In beide gevallen hadden de dader en de begunstigde van het complot één en dezelfde oorsprong: de Rothschild-dynastie.

De ramp van 1840 werd door de Rothschilds in scène gezet en beheerd om de weg te bereiden voor de cruciale wijziging van 1844 die zo gunstig voor hen zou zijn, omdat daarmee een einde kwam aan de beperkende invloed van zilverbullion en zilvercertificaten.

De Rothschilds organiseerden de paniek van 1907 die de weg vrijmaakte voor de Amerikaanse versie van het Peel Amendement, de bedrieglijke en ronduit ongrondwettelijke Federal Reserve Banks, waarvan het wetsontwerp door de Senaat werd geloodst door hun vele zittende agenten, met name Senator William Aldrich. Het Peel Amendement en de Federal Reserve Act zijn tweelingen van dezelfde ouder, de Rothschilds, die hun stromannen en handlangers gebruikten om de echte auteurs van deze beruchte misleidende fiscale en monetaire maatregelen te verbergen.

Hoe bereikten de Rothschilds het dubbele succes dat het juk van de slavernij om de nek van gewone mensen legde? Ze deden het door de leiders van beide politieke partijen in het Britse parlement en de politieke leiders van beide partijen in het Amerikaanse Huis van Afgevaardigden en de Senaat te bezitten en te controleren. Sindsdien is er niets veranderd.

De status quo blijft van kracht. Deze twee maatregelen geven de Rothschilds totale controle over het monetaire en fiscale beleid van het Britse Rijk en totale monetaire en fiscale controle over de Verenigde Staten, waardoor niet alleen de rijkdom van de Rothschilds verveelvoudigd wordt, maar ook hun macht om het beleid te dicteren aan de Britse en Amerikaanse regeringen, waardoor zij "de onbetwiste heren en meesters van de geldmarkten van de wereld" worden.

Disraeli zei niet dat de Rothschilds het buitenlandse en binnenlandse beleid van de regeringen van de wereld volledig onder controle hadden gekregen, maar er was weinig behoefte om dit te verklaren, aangezien het duidelijk werd op de Vredesconferentie van Parijs.

In opdracht van hun Rothschild-meesters organiseerden president Wilson en premier George twee comités: het "Financial Committee" en de "Economic Section". Rothschild-agenten Baruch en Thomas Lamont, een partner in J.P. Morgan and Co. werden benoemd in het Financieel Comité.

Het netto eindresultaat van de beraadslagingen en besluiten van de twee commissies maakte het voor Groot-Brittannië en Frankrijk vrijwel onmogelijk om hun oorlogsschulden aan de Verenigde Staten terug te betalen, meer dan waarschijnlijk met de bedoeling dat deze zouden worden "kwijtgescholden", wat ook gebeurde, in het meest flagrante misbruik van de Amerikaanse grondwet.

Er was en is geen bepaling in de Amerikaanse grondwet voor leningen en giften aan buitenlandse mogendheden, laat staan voor het kwijtschelden van schulden. Maar voor de Rothschilds was het gewoon een nieuwe horde om te nemen, en de Verenigde Staten schreven miljarden dollars aan schulden van de geallieerden af.

De bedoeling was heel duidelijk dat de schulden aan de Rothschilds zouden worden terugbetaald en dit was de bottom line die algemeen werd aanvaard door de westerse regeringen. Helaas volgden de agenten van de Rothschilds in de Amerikaanse regering het plan, waardoor het Amerikaanse volk van miljarden en miljarden dollars werd beroofd en de Rothschilds zich met vergelijkbare bedragen verrijkten, en dat alles in de meest flagrante schending van de hoogste wet van de Verenigde Staten, de Grondwet.

De schaamteloze veronachtzaming van de Grondwet leidde tot versterking van het internationale socialisme, dat armoede en lijden bracht, met revoluties die leidden tot de opkomst van het communisme.

Wie was deze Disraeli, een man die zo'n grote invloed had op de geschiedenis van Engeland? Hoe bereikte hij zijn machtspositie?

Benjamin Disraeli (1804-1881), die aan het eind van zijn leven de titel Lord Beaconsfield kreeg, was de eerste persoon van Joodse afkomst die premier van Engeland werd.

Uit een studie van documenten in het British Museum blijkt dat Disraeli zijn opkomst tot roem en macht uitsluitend te danken had aan Lionel Rothschild. Toen hij door Lionel werd ontdekt, verkeerde Disraeli in een staat van wanhopige armoede, maar hij slaagde er toch in macht en roem te verwerven omdat Lionel Rothschild in hem een nuttige dienaar vond.

Bismarck, een andere "creatie" van Rothschild, beweerde dat Disraeli achter het plan zat om de Verenigde Staten ten val te brengen door middel van een burgeroorlog.

De Amerikaanse Burgeroorlog was de meest zinloze broedermoord in de wereldgeschiedenis en kostte bijna 800.000 mannen het leven. Het was een oorlog die nooit had mogen plaatsvinden, en nooit zou hebben plaatsgevonden zonder de 'verborgen hand' van de Rothschilds en hun agent, Disraeli, op wiens ziel het bloed van de doden van de Burgeroorlog voor altijd moet rusten.

> Lionel Rothschild werd Benjamins mentor en gids. Vanaf de vormende jaren van de jonge Disraeli nam Lionel de leiding en leidde zijn protégé van het ene succes naar het andere.
>
> Disraeli was voor Lionel wat Weishaupt was voor Amschel; Gambetta voor James Rothschild III, wat Poincaré was voor Alphonse Rothschild IV en Édouard Rothschild V, of zoals Kerensky (Kirbis) was voor E. Rothschild V... Disraeli was het paard van Troje dat de hogere klassen van Groot-Brittannië binnengleed en de weg vrijmaakte voor de infiltratie van een twintigtal Joden als toekomstige Lords en ministers. Nu regeren ze het volledig. (*Laten we de Tweede Wereldoorlog voorkomen*. Graaf Cherep-Spiridovich)

Volgens Buckle's *Life and Death of Disraeli*,

"Geen enkele carrière in de Engelse geschiedenis is mooier dan die van Disraeli, en geen enkele is tot nu toe in meer mysterie gehuld."

Maar voor Thomas Carlyle, de grote Engelse essayist en historicus, was Disraeli een "avonturier en een voortreffelijke Hebreeuwse goochelaar". Carlyle heeft een opmerkelijk werk geschreven over de Franse Revolutie en door zijn veelgeprezen Hero Lectures is hij een betere beoordelaar van Disraeli dan Buckle's *History of Civilisation in England.* Ook professor William Langer beoordeelt Disraeli realistischer, maar geen van deze historici zegt iets over zijn mentor en controleur Lionel Rothschild. Cherep-Spiridovich is de minst liefdadige van allen ten opzichte van Disraeli:

> Disraeli's beleid bestond voornamelijk uit zijn haat tegen Rusland... Door Lionel in de hand genomen, nam Disraeli nu een triomfantelijke minachting aan, een die een Mephistopheles waardig was. Omdat hij oogverblindend bleek was, met flitsende ogen en zwart haar, nam hij een zwarte fluwelen jas aan, gevoerd met wit satijn, witte handschoenen, zwarte zijden hangers en een witte ivoren staf met zwarte kwastjes.
>
> Dit alles werd duivels gecombineerd om meer indruk te maken op de invloedrijke oude dames. En dankzij hen leerde Benjamin in Londen alle geheimen die nodig waren voor zijn beschermheer Lionel, met wiens geld Disraeli toegang kreeg tot de hoogste sferen.

Sarah Bradford stelt in haar boek *Disraeli* op blz. 60 en 186 dat Disraeli "sterke zionistische gevoelens had, die hij privé uitte". Bradford noemt verschillende andere belangrijke elementen met betrekking tot Disraeli's sponsoring door de Rothschilds:

> ze kenden zijn vrouw Mary Anne voor het huwelijk, en vertelden hoe de Rothschild dames steeds intiemer met haar werden. (Pagina 187)
>
> Disraeli werd vaak ontvangen in het huis van Anthony de Rothschild en werd "beschouwd als deel van de familie". (Pagina 386)

Weintraub, de auteur van *Disraeli,* vertelt hoe close Lionel was met Disraeli (blz. 243) en hoe hij zelf "Lionel beschouwde als zijn beste vriend." Hij zag hem meer dan wie ook in Londen en had nooit een uitnodiging voor een diner nodig. Na de dood van zijn vrouw Mary Anne woonde Disraeli praktisch in Lionels huis. (blz. 243 en 611) Anthony de Rothschild was de beste en vriendelijkste gastheer ter wereld. (blz. 651)

Weintraub vermeldt dat Alfred de Rothschild uiterst genereus was voor Disraeli. Het lijdt geen twijfel dat Disraeli en de Rothschilds een buitengewoon hechte vriendschap hadden, die veel verder ging dan wat in de normale zin van het woord kan worden begrepen.

HOOFDSTUK 23

Rothschild's surrogaat financierde de aanval op Rusland...

Ik heb eerder in dit boek aangegeven dat ik in detail de betrokkenheid van de Rothschilds bij de oorlog tussen Japan en Rusland in 1904-1905 zou uitleggen. Destijds dacht de Japanse regering dat zij de helpende hand kreeg van Jacob Schiff, die achter de schermen werkte aan het aanwakkeren van spanningen tussen Rusland en Japan, maar wat zat er werkelijk achter de lening die Schiff aan de Japanners verstrekte?

De Rothschilds hadden Japan nodig om Rusland te destabiliseren. Hun haat tegen de familie Romanov kende geen grenzen. De aanval van de Japanse vloot op Port Arthur maakte de weg vrij voor de bolsjewistische revolutie die te zijner tijd zou volgen. Zoals Lionel Rothschild ooit opmerkte,

> "er was geen vriendschap tussen het Hof van Sint-Petersburg en mijn familie".

De Russisch-Japanse oorlog begon op 8 februari 1904. De communisten jubelden en zagen de aanval als een kans om de regering een slag toe te brengen. Russische kranten als *Novoye Vremyo* beschuldigden de zionistische joden ervan Japan in het geheim te helpen. Ze hadden gelijk, want Jacob Schiff was behulpzaam bij het verstrekken van verschillende leningen aan Japan.

Schiff werd geboren in de familie Rothschild in Frankfurt op 10 januari 1847. Zijn vader was goed bekend bij de Rothschilds. Toen hij volwassen werd, werd Jacob makelaar voor de Rothschild bank in Frankfurt. In 1865 stuurden de Rothschilds hem naar New York om een relatie aan te gaan met de firma Frank en Gans. In opdracht van de Rothschilds richtte hij in 1867 zijn eigen makelaarskantoor Budge, Schiff and Co. op. Het partnerschap duurde ongeveer zes jaar en werd ontbonden in 1873, toen Schiff naar Europa vertrok.

Nadat hij in 1873 Duitse bankbedrijven had bezocht, keerde hij in 1875 terug naar de Verenigde Staten en werd hij lid van het bankbedrijf Kuhn, Loeb and Co, een bekend "front" voor de bankbelangen van Rothschild in Amerika. Schiff haatte Rusland en zag in een Russisch-Japanse oorlog de mogelijkheid om de tsaren een slag toe te brengen en misschien een einde te maken aan hun heerschappij over Rusland.

In zijn uitdrukkelijke opdracht gaf Kuhn, Loeb en Co. in 1904 en 1905 de drie belangrijkste Japanse oorlogsobligaties uit. Als dank kreeg hij de Tweede Orde van de Heilige Schatkist van Japan. Na de beslissende nederlaag van de Russische vloot bij Port Arthur was de weg vrij voor de ernstige problemen die in Rusland zouden volgen:

- 28 juli 1904: moord op Viacheslav von Plehve, de bevoegde minister van Binnenlandse Zaken.
- Op 22 augustus 1904 braken in Kiev, Rovno en Volhnia joodse rellen uit, die tot in oktober voortduurden.
- 22 januari 1905 Bloody Sunday geleid door "Vader" Giorgi Gapon, een Rothschild agent.
- 2-30 oktober 1905 Een algemene staking waaraan het hele land meedoet.
- ^{er}22 december-1 januari 1905-06 Moskouse arbeidersopstand
- 2 mei 1906 Het ontslag van graaf Witte, door historici erkend als het begin van het einde van het bewind van de Romanovs.

De moord op von Plehve was voorspeld in een Joods gedicht dat in februari 1904 circuleerde, gericht aan "Haman". In dit gedicht, dat gemakkelijk kan worden geïdentificeerd als de minister van Binnenlandse Zaken, stond dat de "nieuwe Haman" spoedig zou sterven. In de ochtend van 28 juli 1904 gooide een terrorist genaamd Sazonov een bom op von Plehve toen hij op het plein voor het Warschaudepot in Sint Petersburg stond.

Vlak voordat de bolsjewistische revolutie uitbrak, gaf Schiff Lenin 20 miljoen dollar om de bolsjewistische zaak te dienen. Geen wonder dat Paus Leo XIII schreef in zijn apostolische brief van 19 maart 1902, *Het bereiken van het vijfentwintigste jaar*:

> Zij omvat de meeste naties in haar immense greep en verenigt zich met andere sekten waarvan de werkelijke inspiratie en drijfveren verborgen zijn. Ze trekt eerst haar medestanders aan en behoudt ze vervolgens door de materiële voordelen die ze hen biedt. Zij onderwerpt regeringen aan haar wil, soms door beloften, soms door dreigementen. Zij is geïnfiltreerd in alle klassen van de samenleving en vormt een onzichtbare en onverantwoordelijke macht, een onafhankelijke regering, alsof zij deel uitmaakt van het sociale lichaam van de rechtsstaat.

En Dr Gérard Encausse verklaart in het april 1914 nummer van *Mysteria*:

> Naast de internationale politiek van individuele staten bestaan er bepaalde obscure internationale politieke organisaties ... De mannen die in deze raden zetelen zijn geen professionele politici of schitterend geklede ambassadeurs, maar bepaalde onbekende mannen, grote financiers, die superieur zijn aan de ijdele vluchtige politici die denken dat zij de wereld regeren.

Voordat hij werd overgedragen aan de samenzweerders, maakte Winston Churchill een opmerking over de gebeurtenissen in Rusland:

> De leidende geesten van een geduchte sekte, de meest geduchte sekte ter wereld, en met deze geesten om hem heen, ging hij met demonisch vermogen aan het werk om alle instellingen waarvan de Russische staat afhankelijk was, aan stukken te scheuren. Rusland werd ten val gebracht. Rusland moest neergehaald worden. Het ligt nu in het stof.

Churchill verwees naar de duivelse woede van Lenin en Trotski en de terreur en vernietiging die zij aanrichtten in christelijk Rusland. (*Toespraak in het Lagerhuis*, 5 november 1919)

Lenin was gewoon een dienaar van de Rothschilds, gestuurd om hun bevelen uit te voeren. Hun haat tegen de Romanovs kende geen grenzen.

Wat de Rothschilds woedend maakte, was de poging van de tsaar om een Heilig Rijk te vormen dat Christus als zijn heerser zou erkennen. Er zijn verschillende bronnen die dit antagonisme bevestigen: Joodse auteur A. Rappaport's *The Curse of the Romanov's*, Professor William Langer's verslag, John Spencer Bassett's *The Lost Fruits of Waterloo* en documenten in Lord Milner's privé documenten.

De Heilige Alliantie werd gezien als een Christelijke Liga van Naties, Oostenrijk, Pruisen en Rusland, met de hoop dat Groot-Brittannië en Frankrijk en alle landen van Europa zich zouden aansluiten. Naties moesten trouw zweren aan de...

> "de enige echte heerser, aan wie alleen door goddelijk recht alle macht toekomt, namelijk God, onze goddelijke Verlosser, Jezus Christus".

erHet boegbeeld van deze verhoopte alliantie was tsaar Alexander I, die alles in het werk stelde om deze te realiseren. De Rothschilds verzetten zich onmiddellijk tegen de alliantie.

Professor Langer definieert het als volgt, wat volgens mij een vertekend beeld geeft:

> ererOp 26 september 1815 werd de Heilige Alliantie, een document opgesteld door tsaar Alexander I, ondertekend door keizer Frans I en Frederik Willem III en ten slotte door alle Europese vorsten, met uitzondering van de prins-regent van Groot-Brittannië, de paus en de sultan van Turkije. Het was een onschuldige verklaring van christelijke beginselen, die de vorsten moesten leiden in hun betrekkingen met hun onderdanen en met elkaar.
>
> Deze vage en onopvallende beginselen werden door de tsaar waarschijnlijk opgevat als een eenvoudige inleiding op een vorm van internationale organisatie volgens de lijnen die de Abbé de Saint-Pierre een eeuw eerder had aanbevolen.
>
> Het belang van het document ligt niet in de bewoordingen ervan, maar in de latere verwarring in de publieke opinie met de Viervoudige Alliantie en, meer in het bijzonder, met het

reactionaire beleid van de drie oosterse mogendheden, die werden gezien als gebonden aan een pact tegen de vrijheden van het volk, vermomd als religie.

In de eerste plaats was het niet "vermomd als religie". Dat was de interpretatie van de Rothschilds, die alles deden om te voorkomen dat Engeland het document zou ondertekenen.

In Frankrijk waren de Rothschilds behulpzaam bij het veiligstellen van de "scheiding van kerk en staat" om de Heilige Alliantie te helpen opheffen. Rappaport's boek legt uit:

> erHet herstel van de vrede in Europa gaf tsaar Alexander I grote voldoening. Alexander richtte zijn aandacht op de onreligieusheid van de naties als bron van hun kwalen. Hij vatte het idee op om het religieuze elan onder het volk te doen herleven en zo het patriarchale regime, de zuiverheid van het gezinsleven en de gehoorzaamheid aan wet en gezag te herstellen. Maar heersers moesten het goede voorbeeld geven en als rolmodel dienen voor hun onderdanen.
>
> De vorsten van Europa moeten hun opdrachten als heersers van rijken en koninkrijken uitvoeren in de geest van de stichter van het christendom, dat de band moet zijn die de vorsten met hun volkeren en met elkaar verbindt.
>
> (*Vloek van de Romanov's*, pagina 336)

Blijkbaar was de Heilige Alliantie het niet eens met de plannen van de Rothschilds, als we rekening houden met de geschriften van graaf Cherep-Spiridovich, die meent dat de Rothschilds vanaf dat moment, in 1815, het lot van Rusland en de familie Romanov bezegelden. Kardinaal Manning zei:

> Er is een vereniging opgericht met het uitdrukkelijke doel alle religies van de naties te ontwortelen en alle regeringen van Europa omver te werpen.

De kardinaal dacht dat het eerste slachtoffer Frankrijk was tijdens de Franse Revolutie en dat Rusland zijn tweede slachtoffer was. Er is bewijs dat Disraeli niet de waarheid vertelde over Rusland. Het waren de Rothschilds die de bolsjewistische revolutie aanwakkerden en financierden via hun New Yorkse bankfronten van Jacob Schiff en J.P. Morgan, en in Londen via Lord Alfred

Milner. Het is een feit dat Schiff Trotski 20 miljoen dollar gaf om zijn taak om christelijk Rusland omver te werpen te vergemakkelijken.

De geschiedenis van de Rothschilds laat zien dat zij niet aarzelden om een deel van hun immense fortuin uit te geven om politieke doelen te bereiken. Daarbij boekten ze verbazingwekkende successen.

Dat de Rothschilds een verbazingwekkende macht over naties en regeringen hadden en uitoefenden, blijkt uit de volgende feiten:

> De keizer moest de Rothschilds raadplegen of hij de oorlog mocht verklaren. Een andere Rothschild was de dupe van het conflict dat Napoleon ten val bracht (*The Patriot*, Dr. Stuart Holden, 11 juni 1925).
>
> De opstand in Georgië (Kaukasus) werd in scène gezet door de Rothschilds (*Humanité*, september 1924, Joods tijdschrift).
>
> De Rothschilds kunnen oorlogen beginnen of voorkomen. Hun woord kan keizerrijken maken of breken. (*Chicago Evening krant*, 3 december 1923)
>
> Alphonse Rothschild stemt ermee in alle schadevergoedingen van Frankrijk aan Duitsland te betalen als Frankrijk hem tot koning kiest (Dagboek van een ordonnans door de graaf van Hemson).
>
> Tijdens de laatste beslissende vergadering van het Britse kabinet op 3 juli 1914 nodigde de heer Lloyd George Lord Rothschild uit om het debat bij te wonen. De premier had zijn boosaardige spel gespeeld namens de Rothschilds, wier louter instrument hij altijd was geweest en gebleven. Als Engeland eerlijk had verklaard dat zij Rusland en Frankrijk zou bijstaan, zou er geen oorlog zijn geweest, want de Kaiser zou die nooit hebben toegestaan, ondanks de tien Joden die hem nauw omringden: (*Onverteld verhaal*, Graaf Cherep-Spiridovich)
>
> De Rothschilds zijn de ruggengraat van elke politieke en financiële gebeurtenis sinds 1770. Hun naam zou op elke bladzijde van de geschiedenis van elk land vermeld moeten worden. Auteurs, leraren, docenten en politici die hen niet noemen, moeten worden beschouwd als dupes, hypocrieten of misdadig onwetend. (*Onzichtbare geschiedenis*, graaf Cherep-

Spiridovitsj)

De meeste archieven met gegevens over de Rothschilds werden opzettelijk verbrand in Parijs tijdens de Commune van 1871, waarvan Rothschild de belangrijkste financier was. (*La Libre Parole*, 27 mei 1905)

In februari 1817 gingen de vrijmetselaars, Bublikoff en anderen, allen dienaren van de Rothschilds, naar Rusland en stopten de sneltreinen naar Petrograd, om een opstand van het volk uit te lokken (*Untold story*, Graaf Cherep-Spiridovich).

Op 15 februari 1911 drongen Schiff en Co. er bij president Taft op aan het handelsverdrag met Rusland uit 1832 niet te verlengen. Toen hij dat weigerde, weigerde Schiff hem de hand te schudden met de woorden "het betekent oorlog". De moorden op Luschinsky en premier Stolypin en de wereldoorlog volgden. (*Naar rampen; gevaren en remedies*, graaf Cherep-Spiridovitsj)

De Rothschilds hebben omgang gehad met koningen, prinsen en potentaten, enorme fortuinen en titels vergaard, heren en baronnen, "Sir" en "Lady" en talloze onderscheidingen ontvangen. Zij wilden hun begin en hun stichter vergeten, die dit alles mogelijk maakte door het "manna" dat hem door de landgraaf van Hessen-Cassel was toevertrouwd, te verduisteren.

- ➢ Mayer Amschel   1743-1812
- ➢ Anselm Mayer   1773 - 1855
- ➢ Salomon   1774 - 1855
- ➢ Nathan   1777 - 1836
- ➢ Karl   1788 - 1855
- ➢ Jacob James   1792 - 1868

HOOFDSTUK 24

Enkele opvattingen over de Rothschilds, hun rol in de oorlog, de revolutie en financiële intriges

Dit hoofdstuk bestaat uit meningen en opvattingen van verschillende auteurs en autoriteiten die niet gemakkelijk in het corpus van het boek kunnen worden opgenomen, omdat ze enigszins los van elkaar staan.

Toch zijn ze naar mijn mening belangrijk omdat ze een basis vormen voor de geschriften van historici en onderzoekers die vrijwel eensgezind zijn in de overtuiging dat de Rothschilds een van de grootste krachten waren die in de 18e en 19e eeuw in het spel waren, en dat naar alle waarschijnlijkheid nu nog meer zijn.

> De Eerste Wereldoorlog leverde Edouard Rothschild meer dan 100 miljard dollar op. (Graaf Cherep-Spiridovich)

> Deze machtige revolutie die nu in Duitsland plaatsvindt en waarvan nog zo weinig bekend is, ontwikkelt zich geheel onder auspiciën van de Joden, die bijna alle beroepszetels in Duitsland monopoliseren (*Coningsby*, Disraeli, blz. 250, schrijvend over de gebeurtenissen van 1844-1848).

> Historici zijn het erover eens dat hij de Rothschilds bedoelde. Vrijwel elke oorlog en revolutie daarna werd gefinancierd door de Rothschilds (Disraeli in *Coningsby*, blz. 218-219).

> De Volkenbond is een Joods idee. Wij hebben het tot stand gebracht na een strijd van 25 jaar" (Nathan Sokolow, Zionistische leiders op het congres in Carlsbad, 27 augustus 1932).

> De Volkenbond werd volledig geleid door Joden: Paul Hymans,

> Sir Eric Drummond, Paul Mantaux, Majoor Abraham, Mevrouw N. Spiller, De Joodse "bediende", Albert Thomas die met Franse miljoenen hielp om de Bolsjewieken in Rusland te enteren, is "hoofd van de arbeidsafdeling. Hij ontvangt een fabelachtig salaris." (*Le Péril Juif La Règle d'Israël chez les Anglo Saxons*, B. Grasset, Peres, Frankrijk)

Nogmaals, dit lijkt te verwijzen naar de Rothschilds en ik neem de moeite erop te wijzen dat in de meeste gevallen "Joden" kan worden vervangen door "Rothschilds".

> De moderne beweging van sociale revolutie gaat terug tot het midden van de achttiende eeuw. Sinds die tijd is er een voortdurende stroom van subversieve agitatie, die vele vormen aanneemt, maar in wezen hetzelfde is, en zich uitbreidt en verdiept tot een ware vloed, die Rusland heeft overspoeld en onze beschaving dreigt te verzwelgen. (*De opstand tegen de beschaving*, Lothrop Stoddard)

> De grote revolutionaire bewegingen begonnen in het midden tot het einde van de 18e eeuw, toen Amschel Rothschild in 1770 de manager werd van de landgraaf van Hessen-Cassel. Amschel huurde alle Miliukovs, Kerenskys, Lenins en anderen van de 18 eeuw in om hun subversieve agitatie te beginnen, net zoals E. Rothschild die van de 20 eeuw inhuurde (Graaf Cherep-Spiridovich).

> Feiten van wereldbelang zijn bij te weinig mensen bekend, en we hebben meer feiten nodig. De mensheid kan geen licht vinden als ze geen feiten heeft. (Redacteur van de *Chicago Daily News*)

> Wat is deze formidabele sekte waarnaar Abbé Barruel in de 18e eeuw en Churchill in de 20e eeuw verwezen? Het antwoord ligt wellicht in de kracht van het christendom en de christelijke beschaving. Het was een wereldmacht en het was sterk genoeg om Rusland en ook het Huis Hohenzollern ten val te brengen. (*Oorzaak van wereldonrust*, Nesta Webster, pagina 35)

Lloyd George zei dat hij niet geloofde dat een staatsman of leider de oorlog had veroorzaakt. Het kan een eeuw duren voordat de wereld de hele waarheid kent. (Senator Copeland, Congresverslag)

Het Huis van Rothschild en zijn medegelovigen zweren samen om de wereld over te nemen (*The secret of the Rothschilds*, Mrs Mary Hobart).

De Kaiser moest de Rothschilds raadplegen of hij de oorlog mocht verklaren. Een andere Rothschild was de dupe van het conflict dat Napoleon ten val bracht (*The New York Times*, 22 juli 1924).

In de keizerlijke archieven in Berlijn vonden we een brief van Rothschild aan Wilhelm II, waarin om oorlog wordt gevraagd (*The Truth About the Jews*, Walter Hurt, blz. 324).

Voor het publiek zijn de familiearchieven (de Rothschilds) die zoveel licht op de geschiedenis zouden kunnen werpen een diep geheim, een verzegeld boek dat verborgen wordt gehouden (*The Rothschilds, Financial Rulers of the World*, John Reeves, blz. 59).

Bismarck, Beaconsfield (Disraeli), de Franse Republiek, Gambetta, etc., lijken allemaal een onoverkomelijke kracht te vormen. Een louter fata morgana. Het is de Jood alleen met zijn Bank die hun meester is en die heel Europa regeert. De Jood zal het VETO verkiezen en plotseling zal Bismarck vallen... Voor de Rothschilds had niets gunstiger kunnen gebeuren dan het uitbreken van de Amerikaanse Opstand en de Franse Revolutie, want beide legden de basis voor de immense rijkdom die zij sindsdien hebben verworven. (*The Rothschilds Financial Rulers of the World*, John Reeves, blz. 86)

Mevrouw Nesta Webster kan niet ontsnappen aan de conclusie dat het de internationale financiers zijn die het geld leveren (voor revoluties en oorlogen.) Het zijn veeleer de Joodse financiers die het geld leveren; het zijn de Joden die al tweeduizend jaar de agent-provocateurs van revoluties zijn. Het zijn de Joden die de geheime innerlijke raad vormen van de vijf belangrijkste georganiseerde afschuwelijke bewegingen in actie waarmee de georganiseerde regering het hoofd moet bieden (*The New York Times*, 8 maart 1925).

In de hele geschiedenis heeft niemand zulke tegengestelde en intense emoties opgewekt, noch zoveel bewondering, angst en haat van de mensheid geoogst. (*Napoleon*, Hebert Fisher)

Eén man, Napoleon, geboren zonder het voordeel van rijkdom

of hoge afkomst, werd vóór zijn 35e jaar meester van de wereld en beëindigde zijn carrière van ongeëvenaarde romantische onmogelijkheid op 46-jarige leeftijd (*How Great Was Napoleon?* Sydney Dark).

Kortom, het is verbazingwekkend dat dezelfde elitaire wereldleiders die de macht hebben om oorlogen te beginnen voor hun eigen gewin, ook voormalige belangrijke nationale leiders die zich verzetten tegen hun grote plannen, in het bijzonder hun plannen om een Nieuwe Wereldorde te vestigen binnen een dictatoriale wereldstructuur, kunnen afbreken en naar de vergetelheid kunnen verwijzen. Tenzij een tegenaanval kan worden opgezet om deze plannen tegen te gaan, zou de wereld tegen 2025 wel eens in de duisternis van een wrede dictatuur kunnen worden gestort.

Reeds gepubliceerd

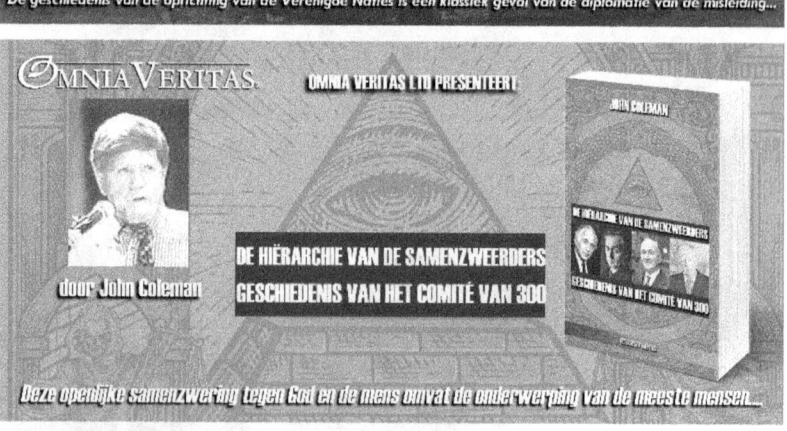

www.ingramcontent.com/pod-product-compliance
Lightning Source LLC
Chambersburg PA
CBHW050801160426
43192CB00010B/1599